Harald Bergsdorf

# Fakten statt Fälschungen

Harald Bergsdorf

# Fakten statt Fälschungen

## Argumente gegen rechtsextreme Parolen

OLZOG

**Bibliografische Information der Deutschen Nationalbibliothek**

Die Deutsche Nationalbibliothek verzeichnet diese Publikation in der Deutschen Nationalbibliografie; detaillierte bibliografische Daten sind im Internet über http://dnb.d-nb.de abrufbar.

Bildnachweis:
Referat 1A6 – Öffentlichkeitsarbeit,
Bundesamt für Verfassungsschutz, Köln

**ISBN 978-3-7892-8274-4**

**Internet: http://www.olzog.de**



Umschlagentwurf: Atelier Versen, Bad Aibling
Satz: EDV-Fotosatz Huber/Verlagsservice G. Pfeifer, Germering
Druck- und Bindearbeiten: CPI – Ebner & Spiegel, Ulm
Printed in Germany

# Inhalt

# 1. Einleitung

Die zunehmende Präsenz von Rechtsextremisten und ihre politischen Aktivitäten sind für Demokraten beunruhigend. Es gibt offenbar keine moderne, komplexe, dynamische Gesellschaft ohne Rechtsextremismus – mehr oder minder ausgeprägt. Die Demokratie ist auch zu Beginn des 21. Jahrhunderts kein Selbstläufer. Ihre Existenz scheint fragil – zumindest latent. Gerade der starke Strukturwandel in Gesellschaft, Wirtschaft und Sozialstaat verunsichert viele Menschen. Eine „besenreine" (Rudolf van Hüllen) Demokratie bleibt Utopie. Der Kölner Soziologe Erwin Scheuch nannte Rechtsextremismus frühzeitig eine „normale Pathologie westlicher Industriegesellschaften". Das gilt weiter oder gar mehr denn je.

So stieg 2008 bundesweit die registrierte Zahl rechtsextremer Straftaten auf rund 20.000. Dazu gehören vor allem Propagandadelikte (ca. 15.000), Volksverhetzung (ca. 3.000), Sachbeschädigungen (ca. 1.000), aber auch Körperverletzungen (ca. 1.000) – meist verübt von feigen Horden gegen Einzelpersonen. Hinzu kommen – jenseits strafrechtlicher Relevanz – Einschüchterungsversuche und ähnliche (verbale oder nonverbale) Verhaltensmuster, die das geistig-moralische Klima vor Ort ebenfalls beeinträchtigen oder gar das Lebensgefühl von Migranten und anderen prägen können, wie sich gerade auch in Teilen Ostdeutschlands zeigt.

Zum Kern rechtsextremer Straftaten gehören seit jeher schwere Gewalttaten bis hin zu Tötungsdelikten. Nur ein besonders grausamer Fall als Beispiel: In Potzlow/Uckermark töteten drei junge Männer (zwei davon zur Tatzeit 17, einer 23 Jahre alt) im Juli 2002 den 16-jährigen Marinus Schöberl. Vor ihrer Tat hatten die alkoholisierten Täter ihr Opfer geschlagen, gedemütigt und beschimpft: Sie nannten Schöberl feminin, aber auch „Jude" und „undeutsch". Mit ihrer Tat imitierten sie eine besonders grausame Tötungsart („Bordsteinkick"), die sie kurz zuvor in einem Privatsender ferngesehen hatten. Rechtsextreme Einstellungen, Gruppendynamik, die Orientierungslosigkeit der Täter, ihre Langeweile, ihr Frust und vor allem ihr eklatanter Mangel an Empathie förderten ihre Tat bis zur Tötung ihres Opfers, das sie auf dem Gelände einer ehemaligen Landwirtschaftlichen Produktionsgenossenschaft (LPG) vergruben. Moralische Mindeststandards fehlten ihnen. Sie gehören zu den besonders brutalen Tätern im deutschen Rechtsextremismus nach „Hitlerei" (Sebastian Haffner) und SED-Diktatur.

Zum Rechtsextremismus zählen schließlich parteipolitische Kräfte, darunter vor allem die NPD. In Sachsen gelangte sie im August 2009 erneut in den Landtag – trotz interner Dauerquerelen und ohne ein großes Thema wie Hartz IV, das sie hätte ausschlachten können; zuvor hatte sie es seit ihrer Gründung 1964 nie geschafft, in einen Landtag zurückzukehren – schon gar nicht in zwei Legislaturperioden hintereinander wie 2009 in Sachsen. In Thüringen hat sich die NPD bei der Landtagswahl im August 2009 prozentual mehr als verdoppelt, wenn auch unterhalb von 5%. Seit 2006 agiert eine NPD-Fraktion im Landtag von Mecklenburg-Vorpommern.

Bei der Bundestagswahl 2009 schaffte es die NPD, sich zu stabilisieren (gut 630.000 Zweitstimmen; 1,5%) und wieder an der staatlichen Parteienmitfinanzierung zu partizipieren (anders als REP und DVU). Unterdessen dämmern REP und DVU zunehmend im politischen Wachkoma. Davon könnte die NPD profitieren, indem sie deren Wähler und Mitglieder gewönne. Zusammengerechnet bekamen NPD, DVU und REP bei der Bundestagswahl 2009 fast eine Million Zweitstimmen. Mehr noch: Im Herbst 2009 landete bei der Kommunalwahl in Köln, der einwohnerstärksten Stadt des einwohnerstärksten Bundeslandes, eine rechtsextreme Anti-Islam-Gruppierung („Pro-Köln") mit einer Fraktion erneut im Stadtrat – auch hier keine komplette Selbstzerlegung und -pulverisierung nach einer Legislaturperiode wie sonst oft.

Insgesamt agieren in Deutschland derzeit über 670 rechtsextreme Parlamentarier in Kommunen und Landtagen. Ungeniert nutzen sie Parlamente als Bühne für kalkulierte Provokationen, für mediale Selbstdarstellung und als organisatorisch-finanzielle Basis. Gerade durch ihre Präsenz in Parlamenten versuchen rechtsextreme Antidemokraten, den Eindruck zu erwecken, bei ihnen handele es sich um normale Parteien, obwohl ein Teil von ihnen sogar mit gewaltbereiten Neonazis kooperiert. Hinzu kommt: Das Potenzial an verdrossenen und vor allem desinteressierten Nichtwählern lässt sich erfahrungsgemäß teilweise auch von rechtsextremen Parteien mobilisieren, wenn es gut für sie läuft. Kurz: Rechtsextremismus ist in Deutschland keine Massenbewegung. Dennoch gibt es keinen Grund, sich im Sessel zurückzulehnen und Entwarnung zu geben – gerade auch deshalb nicht, weil sich der Rechtsextremismus seit einigen Jahren professionalisiert.

Um weitere Wahlerfolge zu erringen, versuchen Rechtsextremisten verstärkt, in öffentlichen Diskussionen und in den Medien ihre Demokratiefeindschaft geschickt zu verbergen und so ihre antidemokratische Programmatik zu verharmlosen. Fast serienmäßig werfen sie „argumentative Nebelkerzen“, um von ihren eigentlichen Zielen abzulenken. Denn Rechtsextremisten wollen gerade auf lokaler Ebene stärker an Einfluss gewinnen. Durch zunehmende Präsenz vor Ort, etwa durch die Organisation angeblich unpolitische Familienfeste und regelmäßiger Info-Stände, versuchen sie den Anschein der Normalität und des sozialen Engagements zu erwecken.

Deshalb rücken sie vor Ort relevante Themen in den Vordergrund ihrer Propaganda: Themen, die viele Menschen beschäftigen, wie Zuwanderung/Integration, Moscheebauprojekte, Auslandseinsätze der Bundeswehr und „Sozialabbau“; gerade die Agitation gegen „Sozialabbau“ kombinieren die Rechtsextremisten meist fast selbstverständlich mit ihrer Xenophobie, nach dem Motto „Sozial geht nur national“. Demnach sind Migranten die Haupt- bzw. Alleinverursacher aller sozialen Probleme. Unterdessen schieben Rechtsextremisten ihre Versuche, die Massenverbrechen Hitlers auf menschenverachtende Art und Weise zu bestreiten, zu bagatellisieren, zu beschönigen oder gar zu bejubeln gerne einmal in den Hintergrund – gerade in

Wahlkampfzeiten. Kurz: Rechtsextremisten betreiben zunehmend eine Art taktische Zivilisierung. Inhaltlich, aber auch im Auftreten wollen sie sich ein anderes und neues Image geben – inzwischen tragen manche Rechtsextremisten sogar Palästinensertücher.

Auch wenn Rechtsextremisten stärker als früher als politische Saubermänner auftreten: Ihre Ideologie und Demagogie sind nach wie vor „schmutzig". Im Kern schüren sie Ressentiments gegen die Demokratie und propagieren Diktaturen. Demokratieferne und Diktaturnähe kennzeichnet ihre Programmatik, die vor allem unveräußerliche Menschenrechte negiert. So warnen Rechtsextremisten vor einem Deutschland mit Menschen ohne „gemeinsames Aussehen"; sie weigern sich, (dunkelhäutige) Deutsche mit Zuwanderungsgeschichte als Deutsche anzuerkennen, darunter die deutschen Fußballnationalspieler und Starkicker Cacau, Mesut Özil, Jérôme Boateng, Gerald Asamoah, David Odonkor und Patrick Owomoyela. Im Mai 2007 versuchte ein rechtsextremer Landtagsabgeordneter sogar, Asylbewerbern und „Wohlstandsnegern" in NSDAP-Manier das Menschsein abzusprechen:

> „Für wen das alles unterschiedslos Menschen sind, der vermag das schreiende Unrecht aus der Bunten Republik Deutschland nicht mehr zu erkennen"
>
> (Süddeutsche Zeitung, 10. Mai 2007).

2004 geriet ein anderer rechtsextremer Landtagsabgeordneter wegen seiner Gewalttätigkeit in Konflikt mit der Justiz, weil er bei einer Auseinandersetzung eine am Boden liegende Frau geschlagen und getreten hatte. Doch gerade vor Wahlen wollen Rechtsextremisten von ihren Äußerungen und Aktivitäten ablenken, um ihre wahre Gesinnung zu verbergen. Stattdessen möchten sie harmlos und sozial engagiert scheinen. Das gilt es, ernst zu nehmen, gleichermaßen ohne Dramatisierungen oder Verharmlosungen. Kurz: Große Teile des Rechtsextremismus werden seit einiger Zeit gefährlicher, weil es zumindest Schlechtinformierten und Unbedarften schwerer fällt, ihre eigentlichen Ziele zu erkennen.

Weil rechtsextreme Demagogen vor allem mit Halbwahrheiten hantieren, die oft schwerer zu entschleiern sind als ihre glatten Lügen, ist es wichtig, ihre Agitationsmuster, Legenden und Demagogien klar und deutlich zu benennen und zu widerlegen – und zwar durch Fakten. Denn rechtsextreme Ideologie beansprucht eine Deutungshoheit über Geschichte und Gegenwart (und auch über die Zukunft). Dem gilt es, stärker entgegenzuwirken – mit Argumenten (statt Panikmache). Um rechtsextreme Ideologie und Agitation durch klare Fakten und Argumente zurückzudrängen, bleibt es wichtig, die komplexe historische, politische und soziale Wirklichkeit sowohl ausgewogen als auch allgemeinverständlich zu erklären. Ziel muss es sein, sowohl die Kunst zur Differenzierung zu beweisen als auch zur Deutlichkeit. Sicher gibt es leichtere, aber auch schwerere Aufgaben – selbst die Relativitätstheorie Albert Einsteins lässt sich differenziert in einem Satz erklären: „Drei Haare auf dem Kopf sind relativ wenig, drei Haare in der Suppe relativ viel."

Die Auseinandersetzung mit rechtsextremer Demagogie muss „die Komplexität der Dinge verständlich machen ... Komplizierte Zusammenhänge zu erklären, ist eine Hauptaufgabe demokratischer Streitkultur" (Ralf Dahrendorf). Um Rechtsextremismus dauerhaft und nachhaltig, also strukturell statt nur konjunkturell, bis zur Bedeutungslosigkeit zurückzudrängen, ist es besonders wichtig, politisch und gesellschaftlich frühzeitig gegenzusteuern und ihn konsequent, aber selbstverständlich nach Recht und Gesetz zu bekämpfen. Dazu gehört eine regelmäßige argumentative Auseinandersetzung mit rechtsextremen Funktionären und vor allem ihren Mitläufern, deren Denken, Sprechen und Handeln weniger verhärtet ist. Es gilt, Vereinfachungen schon im Alltag zu thematisieren und zu widerlegen. Das aber gelingt nur, wenn jede und jeder alle Möglichkeiten nutzt und ausschöpft, rechtsextremen Parolen zu widersprechen: In Schulen, Betrieben, auf Sportplätzen und anderswo. Kurz: Es geht darum, forciert mit Fakten gegen Fälschungen zu intervenieren statt zu resignieren.

## 2. Definition des Begriffs (Rechts-)Extremismus

Bei Karl Jaspers heißt es:

> „Es ist keineswegs gleichgültig, wie man die Sachen nennt ... Der Name schon bringt eine Auffassungstendenz mit sich, kann glücklich treffen oder in die Irre führen. Er legt sich wie Schleier oder Fesseln um die Dinge."

Wie wichtig es ist, politische Begriffe möglichst genau zu definieren, unterstreicht der Terminus „Extremismus". Er zählt zu den besonders umstrittenen, oft ge- und missbrauchten Vokabeln sowohl der politischen Alltagssprache als auch des politikwissenschaftlichen Sprachgebrauchs – ein Schicksal, das er mit dem Demokratiebegriff teilt; selbst die Nationalsozialisten erklärten gelegentlich, das Dritte Reich praktiziere die wahre Demokratie; ähnlich äußert sich die „Nationaldemokratische Partei Deutschlands" (NPD); die SED-Diktatur nannte sich bekanntlich „Deutsche Demokratische Republik" (DDR).

Immer wieder nutzen Extremisten und Diktatoren das Wort „demokratisch", um sich selbst zu verharmlosen, zu schmücken und zu legitimieren. Ähnlich wie der Demokratie-Begriff bewegt sich der Terminus „Extremismus" im „Spannungsfeld zwischen analytischer und wertender Betrachtungsweise" (Peter Graf Kielmansegg). Er leidet immer wieder unter Entgrenzung und Überdehnung, unter „overuse and underdefinition". Mitunter verkommt er zum „Wieselwort", zum Beispiel dann, wenn bereits behutsame Bemühungen der gemäßigten Parteien, das Sozial- oder Asylrecht stärker auf Bedürftige zu konzentrieren, als „extremistisch" gelten – und damit beinahe jede Politik. Manche Definition des (Rechts-)Extremismus ähnelt einem stumpfen Schwert oder einer Schrotflinte. Gerade weil „Extremismus" zu den brisanten Begriffen in Politik- und Politikwissenschaft zählt, ist es wichtig, ihn zu präzisieren. So kann er die extremistische Empirie genauer beschreiben und ist weniger anfällig für inflationären Ge- bzw. Missbrauch. Je genauer der Extremismus-Begriff definiert ist, desto schwerer fällt es extremistischen Parteien, solche Etikettierungen absurd zu nennen und desto leichter können sich nicht-extremistische Kräfte gegen Behauptungen wehren, extremistisch zu sein.

Die Bundesrepublik widmet sich dem (Rechts-)Extremismus aktiver als die meisten anderen Länder: Intensiv untersucht ihn insbesondere die Politikwissenschaft – er zählt zu den zentralen Themen der „Wissenschaft von der Demokratie“ (Karl Dietrich Bracher). Dazu gehört es, den Begriff „Extremismus“ grundsätzlich zu präzisieren. Überhaupt besteht, so Peter Graf Kielmansegg, eine Hauptaufgabe der Politikwissenschaft darin, sich „um Klarheit, Genauigkeit und Redlichkeit der zentralen Begriffe unserer politischen Sprache“ zu bemühen; wir

> „müssen bestimmen, was politischer Extremismus ist, bevor wir ihn untersuchen können. Und das ist kein einfaches, in einem Satz zu erledigendes definitorisches Geschäft. Es bedarf dazu einer systematischen Anstrengung des Nachdenkens, in der Erfahrungswissen und normative Erwägungen sich miteinander verbinden ... Es geht um eine Antwort auf die Frage, welche Phänomene aus welchen guten Gründen unter der Bezeichnung ‚politischer Extremismus‘ sinnvoll zusammenzufassen und als ein Objekt wissenschaftlicher Untersuchung zu begreifen seien.“

Wesentlich bleibt es, definitorische Grenzen zu ziehen, um die Trennschärfe des Extremismusbegriffs zu erhöhen.

Es gilt, einen Extremismusbegriff zu finden, der es ermöglicht und erleichtert, akkurat zwischen wirklichem und vermeintlichem Extremismus zu unterscheiden; ein Extremismus-Begriff, der damit gegenüber synonym gebrauchten Begriffen an Wettbewerbsfähigkeit gewinnt. Wenn der Extremismus-Begriff zu keiner reinen Kampfvokabel (tages-)politischer Auseinandersetzungen verkommen soll, bleibt es unverzichtbar, ihn zu schärfen. Denn politische Kräfte, die sich (vordergründig) vom Extremismus oder bestimmten Formen von Extremismus distanzieren, sind allein deshalb keinesfalls schon automatisch demokratisch, zum Beispiel „Antikommunisten" oder „Antifaschisten".

Der politikwissenschaftliche Schlüsselbegriff „Extremismus" hilft, ein relevantes Phänomen genau zu bestimmen und zu kategorisieren. Er kann dazu beitragen, demokratiegemäßes von demokratiefeindlichem Denken, Formulieren und Handeln zu unterscheiden. Darin liegt seine Hauptfunktion. Extremismus umfasst heute ein weites Feld an Einstellungen und Verhalten: Dazu gehören Parteien, einschlägige Wählerpotenziale und Intellektuelle, aber auch Gewalttäter – mit oder ohne festere Organisation; es gibt gewalttätigen und gewaltlosen Extremismus sowie eine Mischung aus beidem. Der Extremismusbegriff bündelt die antidemokratischen Eigenschaften politischer Kräfte.

Zum Extremismus gehören mindestens drei zentrale Merkmale, explizit oder implizit. Sowohl Rechts- als auch Linksextremisten meinen erstens, in ihrer Doktrin die einzig wahre Weltsicht gefunden zu haben: Der Wahrheitsanspruch von Extremisten scheint kategorisch – obwohl oder weil sie in freien Wahlen so geringe Zustimmung erfahren, was sie oft Verschwörungen zuschreiben, etwa der Massenmedien. Das Welt- und Menschenbild von Extremisten ist hermetisch abgeriegelt. Deshalb kämpfen Extremisten zweitens vehement gegen andere Interessen, Wertvorstellungen und Lebensformen: Sie kennzeichnet ein Rigorismus im Denken, Formulieren und Handeln. Dabei fixieren sie einen „Sündenbock", den sie zum Alleinverursacher von zentralen Missständen stilisieren und damit als Feindbild nutzen, das im Innern der eigenen Formation integrierend wirken soll: Zum Beispiel die USA, „Kapitalisten", Ausländer oder Juden.

Mitunter mutieren „Sündenböcke" sowohl für Rechts- als auch für Linksextremisten zum Feind, der das Böse schlechthin verkörpert. Freund-Feind-Denken, Fanatismus oder gar Hass sind Haupttriebkräfte extremistischer Politik; ebenso Verschwörungstheorien, die offenkundige Unterschiede zwischen Ideologie und Realität vernebeln sollen. Deshalb fällt es Extremisten drittens schwer, demokratischen Pluralismus zu akzeptieren: Ihr Antipluralismus hält das Gemeinwohl für vorbestimmt und gibt dem Kollektiv grundsätzlich Vorrang vor Individualismus, den sie dekadent nennen.

Weil Extremisten meinen, absolute Wahrheiten bzw. irdische Heilslehren zu besitzen, weil sie überzeugt sind, in politischen Angelegenheiten unfehlbar zu sein, halten sie freie Wahlen für irreführend, überflüssig oder gar gefährlich. Deshalb bereitet ihnen Pluralismus oft auch intern Probleme. Rechts- und Linksextremisten präsentieren sich zwar gern als Enttabuisierer. Doch ihre Agitation arbeitet vor allem mit Halbwahrheiten, die schwerer zu enttarnen sind als glatte Lügen: Beispielsweise loben sie die angeblich soziale Politik der Hitler- bzw. der SED-Diktatur.

Mit der Kombination aus kategorischem Wahrheitsanspruch, Antipluralismus und Rigorismus wenden sich Extremisten gegen die konkrete Ausgestaltung einer freiheitlichen Ordnung (zum Beispiel gegen den Föderalismus), missachten aber schwerpunktmäßig (neben zentralen Verfahrensregeln) die Grundwerte der freiheitlichen Demokratie: vor allem die Fundamentalgleichheit aller Menschen, also die normative Gleichwertigkeit aller Individuen – unabhängig von Unterschieden der Religion, sozialen Herkunft, Abstammung, Hautfarbe, Nationalität und körperlich-geistigen Gesundheit. Bereits bei Montaigne heißt es treffend: „Alle Menschen haben eine gemeinsame Eigenschaft, ihre Verschiedenheit." Im Unterschied zum Extremismus jeglicher Richtung gründet die freiheitliche Demokratie auf einem Denken, das sich für fehlbar hält, die Vielfalt der Überzeugungen in einer offenen Gesellschaft grundsätzlich legitim findet, Politik nicht als Krieg gegen einen Feind begreift; ein Denken, das differenziert statt diskreditiert und Distanz zu sich selbst bewahrt.

Demokratie bedeutet im Kern die „Kunst des friedlichen Ausgleichs divergierender Interessen" (Karl Dietrich Bracher). Die gemischte Verfassung des demokratischen Verfassungsstaats gründet deshalb auf dem Mehrheitsprinzip, schützt zugleich aber Minderheiten. Der Grundkonsens aller verfassungstreuen Kräfte (mit einer gemeinsamen Basis an Grundwerten) zivilisiert in der rechtsstaatlichen Demokratie jene Konflikte, die Politiker der gemäßigten Parteien miteinander austragen (müssen); ein Grundkonsens, der jenen politischen Wettbewerb und jene (konstruktiven) Kompromisse ermöglicht, die bei Extremisten als grundsätzlich „faul" gelten. Wer einen solchen Grundkonsens ablehnt, offenbart sich leicht als Extremist. Extremismus beginnt also nicht erst bei antidemokratischen Methoden (Verstöße gegen das Gewaltmonopol des Rechtsstaates), sondern bereits bei antidemokratischen Zielen, wobei die Grenzen zwischen extremistischen Zielen und Methoden mitunter fließend sind.

In der politischen Realität gehören zum Extremismus sowohl seine linke als auch seine rechte Variante; beide unterscheiden sich stark voneinander, ähneln sich aber auch frappierend. Beide hetzen auf unterschiedliche Weise gegen wirtschaftliche, soziale, religiöse, ethnische oder andere Minderheiten – Marcel Reich-Ranicki bemerkt deshalb, er werde in seinem Leben stets Angst vor Extremisten haben. Beide Extremismen wenden sich gegen Pluralismus und erheben einen Monopolanspruch. Deshalb ist es eine *contradictio in adjecto*, wenn sie sich „Partei" nennen.

Bei allen extremistischen Gemeinsamkeiten: Normalerweise versuchen Rechtsextremisten, vor allem Nationalsozialismus und Faschismus zu beschönigen; Linksextremisten dagegen bemühen sich gemeinhin, insbesondere kommunistische Regime in ein günstigeres Licht zu rücken. Während Rechtsextremisten meist auf eine Art „Volksgemeinschaft" zielen, propagieren Linksextremisten eine „klassenlose Gesellschaft". Auf unterschiedliche Weise agieren und agitieren sowohl Rechts- als auch Linksextremisten letztlich demokratiefern bzw. -feindlich und diktaturnah. Beide negieren mehr oder minder massiv die Universalität der Menschenrechte.

Während Extremismus stets demokratiefeindlich ist, gibt es sowohl antidemokratischen als auch demokratiekompatiblen „Populismus".

Der „Populismus"-Begriff gehört ähnlich wie „Demokratie" und „Extremismus" zu den häufig gebrauchten, aber bislang selten präzisierten Termini der politischen Sprache. In der Realität mischen sich Extremismus und Populismus bisweilen. Während Extremisten eher als antidemokratische „Überzeugungstäter" agieren und agitieren, operieren Populisten eher als (nicht-)extremistische Opportunisten. Zu den nichtextremistischen, aber populistischen Parteien zählt auch die mittlerweile bedeutungslos gewordene Schill-Partei.

Populisten beider Richtungen versuchen, die „Gordischen Knoten" moderner Politik mit dem „Schwert" vereinfachter Lösungen zu durchschlagen. Üblicherweise verbreiten Populisten diverse Halbwahrheiten, die schwerer zu widerlegen sind als glatte Lügen. Sogenannte einfache Leute, Normalbürger gelten bei Populisten als tugendhaft. Sie mutieren bei Populisten von angeblichen Objekten der Politik zu vermeintlichen Subjekten der öffentlichen Angelegenheiten. „Der Trick des Populismus besteht darin, sich als demokratisch, volksnah und volkstümlich hinzustellen und dadurch alles, was differenzierter ist als die angebliche ‚Volksmeinung', also vor allem intellektuelle Kritik, als elitär, und das heißt undemokratisch, volksfeindlich erscheinen zu lassen. So erscheinen die schrecklichen Vereinfacher als Herolde des Volkswillens und die intellektuellen Differenzierer und Analytiker als „Volksfeinde" (Friedhelm Lövenich). Üblicherweise präsentieren sich populistische Formationen als antielitäre Anti-Parteien-Bewegungen mit charismatischer Leitfigur. Auftrieb spüren sie normalerweise in Krisen, wenn die Sehnsucht nach einfachen Lösungen wächst.

Gemeinhin

- nutzen beziehungsweise schüren Populisten (altdeutsche) Parteienverachtung,
- fordern mehr plebiszitäre Elemente,
- bezeichnen Politik pauschal als „schmutziges" statt schwieriges Geschäft,
- kritisieren die (angebliche) Abgehobenheit und Inkompetenz aller anderen Politiker,

- geben sich besonders volksnah und demokratisch,
- nennen das „Volk“ eine Ein- statt Vielheit,
- zielen auf eine Einheit von Regierenden und Regierten,
- äußern sich fremden- und kompromissfeindlich,
- bezeichnen das Gemeinwohl als vorgegeben,
- idealisieren sich und das „Volk“ als „sauber“ und „kompetent“,
- artikulieren und dramatisieren Missstände,
- erheben fast ausschließlich populäre Forderungen,
- konzentrieren sich monomanisch auf wenige politische Themen,
- bevorzugen vereinfachte Diagnosen und Therapien,
- betreiben rigorose Komplexitätsreduktion,
- propagieren simple Patentrezepte,
- hantieren mit Feindbildern und Verschwörungslegenden,
- appellieren an niedere Instinkte,
- jonglieren mit Ressentiments,
- spekulieren auf die Verführ- und Verhetzbarkeit ihres Wählerpotenzials,
- verwandeln Unterschiede zwischen „oben und unten“ in Gegensätze,
- reden ihrem eher unpolitischen Wählerpotenzial nach dem Munde,
- verweigern sich den Mühen politischer Überzeugungsarbeit
- und agitieren beziehungsweise agieren damit stark demoskopiehörig.

Ein Populist will letztlich irgendeinen, keinen bestimmten Erfolg. Überspitzt formuliert: Wenn eine demoskopische Mehrheit befände, zwei plus zwei ergebe fünf, würden Populisten eine solche Rechnung richtig nennen. Allerdings muss ein bürgernaher Politiker, der eine populäre Forderung erhebt, allein deshalb selbstverständlich noch lange kein Populist sein – wesentlich ist die Dosis; die Adjektive „populär“ und „populistisch“ unterscheiden sich. Ralf Dahrendorf resümiert: „Populismus ist einfach, Demokratie komplex: Das ist vielleicht das wichtigste Unterscheidungsmerkmal zwischen beiden Formen des Bezugs auf das Volk.“

Terrorismus wiederum impliziert stets, die Gewaltgrenze zu überschreiten und gehört allein deshalb zum Extremismus. Allerdings ist umgekehrt nicht jeder Extremist ein Terrorist: Anders als Extremismus ist Terrorismus in der freiheitlichen Demokratie nicht nur illegitim, sondern stets illegal, weil Demokratien es – auf der Basis eines Grundkonsens – per definitionem ermöglichen, politische Veränderungen gewaltlos herbeizuführen. Umgekehrt versuchen Diktatoren immer wieder, Regimegegner und Freiheitskämpfer als Terroristen zu verunglimpfen. Extremisten und Terroristen wiederum zielen darauf, ihr Tun zum Freiheitskampf zu stilisieren. Totalitarismus schließlich ist angewandter, verwirklichter, verabsolutierter Extremismus. Damit ist Totalitarismus stets extremistisch. Umgekehrt ist Extremismus nicht automatisch totalitär.

Welche Elemente Rechts- und Linksextremismus trennen und teilen, unterstreichen Vergleiche. Die Politikwissenschaft widmet sich seit Aristoteles der Aufgabe, zu vergleichen: Die vergleichende Methode gehört zu den Hauptinstrumenten der Politikwissenschaft, insbesondere auch der Extremismusforschung. Wer zum Beispiel behauptet, der Deutsche Bundestag gehöre zu den starken oder schwachen Parlamenten, muss ihn vernünftigerweise mit anderen Volksvertretungen verglichen haben: Ob der Bundestag als eher einflussarmes oder -reiches Parlament zu kennzeichnen ist, kann nur ein Vergleich zeigen. Vergleiche helfen damit, einerseits Ähnlichkeiten zu verdeutlichen, andererseits aber auch das Spezifische, Besondere, Charakteristische und Eigentümliche eines politischen Phänomens herauszuarbeiten. Gerade auch eine Einzigartigkeit kann nur ein Vergleich zeigen.

Vergleiche können dazu beitragen, die Konturen ihrer Objekte zu schärfen. Indem die Politikwissenschaft durch (inter-)nationale Vergleiche jeweils Ähnlichkeiten und Unterschiede abwägt, gewinnt sie ein genaueres Bild von der politischen Wirklichkeit. Insofern können Vergleiche davor bewahren, einzelne Beobachtungen zu verabsolutieren. „[Das] Vergleichen ist jedem wissenschaftlichen Verfahren inhärent, die wissenschaftliche Methode ist unweigerlich vergleichend, und alle Politik ist in irgendeiner Weise vergleichende Politik“ (Dieter Nohlen).

Lebhaft diskutiert die Politikwissenschaft über die Frage, ob es legitim und sinnvoll ist, Rechts- und Linksextremismus zu vergleichen. Gerade Vergleiche von links- und rechtsextremen Parteien gelten mancherorts als tabuisiert. Doch bedeuten solche Vergleiche entgegen manchen Missverständnissen oder gar Irreführungen grundsätzlich keine Gleichsetzung, sondern analysieren sowohl Gegensätze als auch Gemeinsamkeiten. Heinrich August Winkler befindet: „Vergleichen heißt nicht, gleichsetzen, sondern nach Unterschieden und Gemeinsamkeiten fragen“. Schon die Begriffe „Rechts- und Linksextremismus“ beschreiben im Kern eine doppelte Relation: Einerseits die Beziehung zwischen Rechts- bzw. Linksextremismus und der demokratischen Mitte, andererseits die Beziehung zwischen Rechts- und Linksextremismus. Beide Termini enthalten Links-Rechts-Divergenzen, aber auch extremistische Konvergenzen.

## 3. Ursachen rechtsextremer Wahlerfolge

Seit vielen Jahren gibt es in Deutschland über 5 % an Wahlberechtigten, die ein „rechtsextremes Weltbild“ in sich tragen. Wie hoch dieses Potenzial in Deutschland genau ist, ob es bei 6 % oder eher bei 10 % rangiert, ist davon abhängig, wie weit oder eng der Begriff „rechtsextremes Weltbild“ definiert ist. Der Politikwissenschaftler Jürgen Falter hat einen Katalog mit zehn Fragen entwickelt, die rechtsextreme Einstellungen aufspüren sollen. Sein Fragenkatalog erforscht,

- inwieweit die Befragten stolz sind, Deutsche zu sein;
- inwieweit sie Mut zu mehr Nationalgefühl einfordern;
- inwieweit sie dem Allgemeinwohl regelmäßig Vorrang einräumen wollen gegenüber Gruppen- und Verbandsinteressen;
- inwieweit sie eine Diktatur in bestimmten Situationen für die bessere Staatsform halten;
- inwieweit sie im Nationalsozialismus auch gute Seiten erkennen;
- inwieweit sie Hitler ohne Holocaust für einen großen Staatsmann halten;
- inwieweit sie die Bundesrepublik für gefährlich überfremdet halten;
- inwieweit sie Ehen von Ausländern mit Deutschen ablehnen;
- inwieweit sie den Einfluss von Juden als zu groß empfinden;
- und inwieweit sie Juden für andersartig halten.

Je mehr ein Befragter diesem Katalog zustimmt, desto stärker tendiert er dazu, rechtsextreme Parteien zu wählen – und umgekehrt. Wer zum Beispiel nur fünf der zehn Fragen eindeutig bejaht, kann durchaus sehr fest bei den Volksparteien verankert sein und ihnen zuneigen. Eine Definitionsfrage ist es, ab welcher Zahl an zustimmenden Antworten ein Befragter über ein geschlossen rechtsextremes Weltbild verfügt? Ab acht, ab neun oder nur bei zehn klar bejahenden Antworten? Entsprechend kleiner bzw. größer ist das rechtsextreme Wählerpotenzial. Allerdings hinterlässt Falters Fragenkatalog selbst (wenige) Fragen: Wie viele Linksextremisten bejahen – neben Rechtsextremisten – ebenfalls Falters Fragen nach dem Gemeinwohl und der Diktatur als zuweilen besserer Staatsform? Wie viele lupenreine Demokraten nennen sich selbst Patrioten (statt Nationalisten)?

Dennoch zeigt Falter plausibel, unter welchen Umständen rechtsextremes Wahlverhalten gedeiht und gedeihen kann: Wenn rechtsextreme Einstellungen sich mit Parteienverdrossenheit und dem Gefühl, sozial benachteiligt zu sein, mischen, wächst rasant die Wahrscheinlichkeit, rechtsextreme Parteien zu wählen. Vor allem eine Kombination aus rechtsextremen Einstellungen, Parteienverdrossenheit und subjektiver Benachteilung begünstigt eine Stimmabgabe für rechtsextreme Parteien, wobei ein Großteil der Wahlberechtigten mit rechtsextremen Einstellungen in politischen „Schönwetterphasen" die Volksparteien wählt und zu Beginn von politischen „Schlechterwetterperioden" zunächst die Stimmabgabe verweigert.

Damit ein Wahlberechtigter mit „rechtsextremem Weltbild" auch rechtsextrem wählt, damit Einstellungen zu rechtsextremem (Wahl-)Verhalten mutieren wie in Sachsen 2004 oder in Mecklenburg-Vorpommern 2006, damit also (Wahl-)Chancen zu (Wahl-)Erfolgen mutieren, müssen normalerweise weitere (externe und interne) Faktoren zusammenkommen. Vor allem wenn ein Bündel an Ursachen zusammenwirkt, erringen rechtsextreme Parteien Wahlerfolge – dauerhaft statt vereinzelt, strukturell statt konjunkturell.

Erstens ist es für eine rechtsextreme Partei günstig, wenn ein eloquenter und charismatischer Parteichef sie führt und/oder öffentlich repräsentiert – nur ein Beispiel ist der französische Front National mit dem Vereinfacher Jean-Marie Le Pen an der Spitze. Solche Politiker und ihre Fähigkeit zur Vereinfachung profitieren von der Komplexität und Dynamik moderner Gesellschaften, die einen Großteil der Bevölkerung schlicht überfordern. Deshalb wächst das politische Desinteresse.

Renate Köcher, Institut für Demoskopie Allensbach, bemerkt: „Das Interesse an Informationen geht in der Gesellschaft seit Jahren stetig zurück. Allein in den letzten drei Jahren hat sich der Anteil der Bevölkerung, der großen Wert auf gründliche Informationen legt, um Hintergründe und Zusammenhänge besser zu verstehen, von 52 auf 44 Prozent verringert. Der Anteil der Bevölkerung, der sich täglich informiert, geht schon seit Beginn dieses Jahrzehnts zurück. Auch dies trägt dazu bei, dass die gesellschaftliche Meinungsbildung volatiler wird." Gerade in wirtschaftlich schwierigen Zeiten wie diesen können einfache Antworten auf komplexe Fragen deshalb leichter auf fruchtbaren Boden fallen. Dann können Rechtsextremisten leichter mit plakativen und platten Parolen punkten wie „Ausländer raus!", „Fremdarbeiter raus!", „Weg mit Hartz IV!", „Sozial geht nur national!", „Sozialabbau stoppen!", „Kein Blut für Öl!", „Bundeswehr raus aus Afghanistan!" und „Deutschland den Deutschen, Türkei den Türken!" (sogenannter „Ethnopluralismus").

Zweitens braucht ein rechtsextremer Wahlerfolg ein kampagnefähiges Thema, das heißt, ein Thema, das viele Wahlberechtigte mit mehr oder minder rechtsextremen Weltdeutungen umtreibt: vor allem (wahrgenommene) Defizite an sozialer Gerechtigkeit und/oder Integration. Gerade im Osten trifft rechtsextreme Agitation gegen Sozialumbau auf einen günstigen Nährboden, weil Strukturwandel und Arbeitslosigkeit in der früheren DDR – nach 60 Jahren Diktatur samt Kommandowirtschaft – heftiger bzw. höher ausfallen als in der alten Bundesrepublik.

Drittens benötigen rechtsextreme Erfolge einen kampagnefähigen Parteiapparat, der platte Parolen wie „Ausländer raus" oder „weg mit Hartz IV" oder „Bundeswehr raus aus Afghanistan" verbreitet. Dazu gehört selbstverständlich auch möglichst viel Geld, weshalb rechtsextreme Parteien oft schon zufrieden sind, wenn sie bei Landtagswahlen die 1 %-Finanzhürde meistern, die es ihnen erlaubt, an der staatlichen und stattlichen Parteimitfinanzierung zu partizipieren, um damit eine finanzielle Basis für (weitere) Erfolgskampagnen zu schaffen; bei Kommunalwahlen erleichtert der

Wegfall der 5%-Sperrklausel es Rechtsextremisten, in Parlamente einzuziehen.

Viertens schwinden Milieus in und im Umfeld von Kirchen und Gewerkschaften; ihr Einfluss auf das Wahlverhalten sinkt. Weniger Wahlberechtigte wählen nach dem Motto: „Right or wrong, my party“. Mehr Volatilität im Wahlverhalten, mehr Wechselwähler bieten umgekehrt wachsende Chancen auch für rechtsextreme Parteien. Fünftens können rechtsextreme Wahlerfolge von einer schwachen Zivilgesellschaft profitieren, die Rechtsextremismus unterschätzt oder gar ignoriert wie vor allem in Teilen Ostdeutschlands nach 60 Jahren Diktatur.

Zu den hemmenden Bedingungen für rechtsextreme Wahlerfolge gehört sechstens – nach Hitler bzw. dem Nationalsozialismus – die starke Ablehnung von Rechtsextremismus in der politischen Kultur der Bundesrepublik (mehr in West- als in Ostdeutschland). Siebtens gibt es derzeit im deutschen Rechtsextremismus keinen begabten Politiker mit Redegewandtheit und Selbstdarstellungstalent à la Jörg Haider oder Jean-Marie Le Pen. Achtens sind die rechtsextremen Parteien bei politischen und gesellschaftlichen Eliten der Bundesrepublik fast vollständig isoliert, ja geächtet. Rechtsextreme Parteien verfügen neuntens über keinen verfassungstreuen Kooperationspartner, der sie politisch, medial und gesellschaftlich einführte. Zehntens sind rechtsextreme Parteien – umgekehrt – in fast allen Medien geächtet.

Elftens mangelt es rechtsextremen Parteien in Deutschland derzeit an einem kampagnefähigen Thema, weil es zum Beispiel keine gravierenden Integrationsprobleme gibt, die demokratische Politik nicht lösen könnte – zumindest in der Wahrnehmung der großen Mehrheit. Zwölftens genießt die politische Klasse insgesamt – bei aller Schelte durch Wählerinnen und Wähler – immer noch mehr oder minder den Ruf, die großen Herausforderungen (Bildung, Wirtschaft, Sozialstaat, Arbeitsmarkt, Integration, Kriminalität, Europa) irgendwie zu lösen oder zumindest anzugehen; Demokratie und Soziale Marktwirtschaft sind hier und heute – im Länder- und Zeitvergleich – immer noch stabil, gerade auch in der internationalen Finanzkrise.

## 4. Umfassende Untersuchung des Rechtsextremismus im Osten

Obwohl gerade exakte Diagnosen zu erfolgreicher Therapie führen, gibt es bis heute nur ansatzweise eine wirkliche und umfassende Diskussion über Ursachen und Wesen von Rechtsextremismus in Ostdeutschland. Das zeigte sich – pars pro toto – überdeutlich im April 2006. Damals verletzten zwei gewalttätige Ostdeutsche in Magdeburg einen dunkelhäutigen Deutschen schwer. Danach diskutierten der damalige Bundesinnenminister Wolfgang Schäuble und Gregor Gysi, Fraktionsvorsitzender der Linkspartei im Deutschen Bundestag, über die Ursachen des Rechtsextremismus im Osten. Weil Schäuble die SED-Diktatur mitverantwortlich für das hohe Niveau an Rechtsextremismus im Osten gemacht hatte, befand Gysi:

> „Wenn die festgenommenen Verdächtigen die abscheuliche Tat gegen den Deutschen äthiopischer Herkunft begangen haben sollten, waren sie zum Ende der DDR 14 und 15 Jahre alt. Rechtsextremistische Einstellungen haben sie ergo erst in der Bundesrepublik angenommen. Eine deutlichere Widerlegung der beleidigenden These von Wolfgang Schäuble über den Osten ist kaum denkbar. Im Übrigen sind die meisten Rechtsextremisten Jugendliche und junge Erwachsene und damit erst in der BRD geboren worden, zumindest aber hier zur Schule gegangen. Was Herr Schäuble … ganz vergisst: Die Arbeitslosigkeit ist im Osten doppelt so hoch, die sozialen Probleme sind deutlich gravierender – und es ist leider so, dass unter solchen Bedingungen Rechtsextremismus leichter einen Nährboden vorfindet. Es ist ein Versagen der gesamten Gesellschaft, wenn in ihr Rechtsextremismus um sich greift. Der Versuch aber, einem untergegangenen Staat die Schuld zuzuschieben, geht nicht nur fehl, sondern verhindert eigene notwendige Anstrengungen im Kampf gegen Rassismus und Ausländerfeindlichkeit."

Klar scheint: Im Osten finden NPD & Co. stärker als im Westen – neben wirtschaftlichen und sozialen Problemen – geistig-moralische Milieus, die Rechtsextremismus samt Fremdenfeindlichkeit und Gewalt begünstigen oder gar fördern; eine signifikante Minderheit der Familien in der Ex-DDR tradiert extremistische Einstellungen an ihre Kinder, wovon auch rechtsextreme Kräfte profitieren („Der Osten wählt deutsch"). Zwar tummeln sich Rechtsextremisten sowohl in den alten als auch den jungen Bundesländern; zwar erreichten rechtsextreme Parteien in den 1990er-Jahren auch im Westen elektorale Erfolge; zwar stammt ein erheblicher Teil der rechtsextremen Führungskader im Osten aus dem Westen; zwar scheiterten rechtsextreme Parteien in Thüringen bislang bei allen Landtagswahlen seit 1990 an der 5%-Hürde. Gesamtdeutsch sind Nordrhein-Westfalen, das Saarland und Thüringen die drei einzigen Bundesländer, in denen es noch nie eine rechtsextreme Landtagsfraktion gab. Doch in den jungen Ländern errangen rechtsextreme Parteien zuletzt eben ihre größten Wahlerfolge, vor allem die NPD. Der Schwerpunkt des heutigen Rechtsextremismus liegt in der Ex-DDR.

Gerade im Osten existieren bis heute Orte, wo sich ost- und westdeutsche Rechtsextremisten nahezu wie Fische in frischem Wasser tummeln; Orte, in denen schlecht integrierte Deutsche, vor allem NPD & Co., auf einer Welle der offenen, halboffenen oder verdeckten Zustimmung schwimmen – wenigstens bei starken Minderheiten, die in Parallelgesellschaften leben. Während NPD & Co. im Westen als geächtete Außenseiter agieren, sind in Teilen des Ostens eher ihre Gegner isoliert, insbesondere dort, wo die NPD und ihr Umfeld zumindest Ansätze von „national befreiten Zonen" errichtet haben.

In Ostdeutschland, vor allem in Sachsen-Anhalt und Brandenburg, ist insofern die Gefahr vor allem für dunkelhäutige Deutsche und Ausländer viel höher, Opfer einer rechtsextremen Gewalttat zu werden; also Menschen, die sowohl Opfer normaler Kriminalität werden können als auch – zusätzlich – Opfer fremdenfeindlicher und rechtsextremer Straftaten. Auch wenn im Westen ebenfalls ein erhebliches Maß an einschlägigen Einstellungen existiert: Im Osten führen solche Einstellungen deutlich öfter zu rechtsextremem Verhalten. Nach beinahe 60 Jahren ohne Demokratie gibt es im Osten heute einen höheren Anteil an „Prolet-Ariern" und anderen Bürgern, die rechtsextreme Parteien wählen oder gar rechtsextreme Gewalttaten begehen. Die Gründe dafür liegen teilweise in der SED-Diktatur, deren

Hinterlassenschaften auch fast 20 Jahre nach dem Mauerfall da und dort nachwirken.

Zwar verschaffte der Nationalsozialismus dem Kommunismus noch einmal Legitimität, die vor allem Stalin bereits zerstört hatte; zwar zählten viele Kommunisten zu den ersten Opfern Hitlers (und Stalins); zwar gehörten einige DDR-Gründer im Hitler-Regime zu den Verfolgten; zwar konstatierte Artikel 6 der DDR-Verfassung: „Die Deutsche Demokratische Republik hat auf ihrem Gebiet den deutschen Militarismus und Nazismus ausgerottet"; zwar untersagte sie jeglichen „Faschismus" in der DDR; zwar eliminierte die SED zahlreiche Ex-Nationalsozialisten aus öffentlichen Funktionen in SBZ und DDR, darunter viele Richter und Lehrer; zwar errang die SED mit keinem Ideologie-Fragment mehr Legitimität als mit ihrem „Antifaschismus"; zwar galt die zweite deutsche Diktatur selbst einigen ihrer heftigsten Kritiker immerhin als „antifaschistisch". Doch die SED machte es sich leichter mit der NS-Vergangenheit als die Bundesrepublik, die in den 1960er-Jahren über NS-Zeit bzw. NS-Erbe lebhaft diskutierte. Zuvor hatte sie bereits wichtige Lehren aus den Erfahrungen mit Hitler gezogen – nach der zentralen Devise „Nie wieder Diktatur!"

Um die zweite deutsche Diktatur, die sich als neues Deutschland präsentierte, mit aufzubauen, durften dagegen in der SBZ bzw. DDR NS-Täter nach dem Zweiten Weltkrieg scharenweise bei der „antifaschistischen" SED bzw. der SED-hörigen Nationaldemokratischen Partei Deutschlands (NDPD) unterschlüpfen: Wer sich der „antifaschistischen" SED unterwarf, galt als geläutert. In Kollaboration mit den Sowjets errichtete die SED, beinahe wie eine zusätzliche Siegermacht, eine neue Diktatur; unter ihren Opfern gab es Leute, die gegen Hitler Widerstand geleistet hatten, zum Beispiel Robert Havemann, dessen Namen die SED später, nachdem er sich zum Dissidenten gewandelt hatte, auf einer Gedenktafel des Zuchthauses Brandenburg tilgte, wo er in der Hitler-Zeit inhaftiert war – mit Erich Honecker. 1954 gehörten 10 % bzw. rund 100.000 von allen SED-Mitgliedern vor dem 8. Mai 1945 zur NSDAP. Mehr noch: In der „antifaschistischen“ DDR amtierte ab 1960 ein früheres NSDAP-Mitglied als Vizevorsitzender des Staatsrates: Heinrich Homann, der bis 1989 auch als Vorsitzender der NDPD agierte, die als Sammelbecken für alte Hitler-Anhänger fungierte. Weder 1945 noch 1989 im Osten gab es eine Stunde Null.

Schon mit ihrer „Faschismus“-Theorie versuchte die SED, den Eindruck zu erwecken, Hitler und eine „kleine Clique von Monopolkapitalisten“ hätten das deutsche Volk unterjocht, das sie deshalb primär als verführtes Opfer darstellte – damit versuchte die SED, potenzielle Anhänger zu umschmeicheln und für den Aufbau der Diktatur zu gewinnen. Ohne die große Resonanz Hitlers bei Arbeitern angemessen zu erörtern, präsentierte die SED den „Faschismus“ lediglich als aggressivste Ausprägung des „Kapitalismus“; nur der Sozialismus verhindere „Faschismus“ wirksam. Walter Ulbricht wörtlich: „Wir verstehen … unter Faschismus nicht nur die führenden Funktionäre der Hitlerpartei, sondern ebenso die kapitalistischen Kriegsinteressenten, die Konzern- und Bankherrn und vor allem die Großgrundbesitzer.“ Damit negierte die SED antibürgerliche und antikapitalistische Elemente der NS-Ideologie und verharmloste Hitler; damit weigerte sich die SED, die Ursachen und das Wesen der Hitler-Diktatur umfassend zu analysieren und zu bewerten.

Die SED betrachtete „Faschismus“ fast ausschließlich aus ideologischer Perspektive. So stilisierte sie den kommunistischen Widerstand gegen den Diktator Hitler und den Kampf der Armeen des Diktators Stalins gegen Hitler-Deutschland zum quasireligiösen Mythos – gerade auch mit ihrem „Antifaschismus“ versuchte die SED, eher als Opfer zu gelten statt als Täter. Sie zählte vor allem sich und ihre Mitläufer zu den NS-Opfern. Jurek Becker spottet, im Dritten Reich habe es 10.000 Widerstandskämpfer gegeben, davon hätten später zwei Millionen in der DDR gelebt. Auch wenn die große Mehrheit der späteren Bundesbürger ebenso wie die große Mehrheit der späteren DDR-Bürger, die eher Untertanen waren, vor dem 8. Mai 1945 keinen Widerstand geleistet hatte.

Die NS-Täter lebten, so die SED, ausschließlich im „faschistischen" Westen – Hitler mutierte damit beinahe zum Westdeutschen.

> „Diese aus der Externalisierung der historischen Verantwortung abgeleitete Verweigerungspolitik konnte von der Bevölkerung auch als Freispruch der (ost-) deutschen Bevölkerung verstanden werden … An die Stelle offener Rede über die Zeit des Nationalsozialismus trat vierzig Jahre lang der Versuch, die DDR-Bevölkerung auf die Minderheitenperspektive der kommunistischen Widerstandskämpfer, die in radikaler Opposition zum Nationalsozialismus standen, einzuschwören."
>
> (Patrice G. Poutrus; Jan C. Behrends; Dennis Kuck).

Lange Zeit anerkannte die SED lediglich den kommunistischen Widerstand gegen Hitler und ignorierte den Aufstand angeblicher „Junker" vom 20. Juli 1944, der ihrem Weltbild widersprach. Ebenso tabuisierte die SED Rassismus bzw. Fremdenfeindlichkeit in der DDR:

> „Da die offizielle antirassistische Ideologie dieses Problem als Konsequenz kapitalistischer Gesellschaftsordnungen und damit als alleiniges Problem der ‚imperialistischen' Staaten, insbesondere der USA, interpretierte, war eine ernsthafte Auseinandersetzung mit rassistischen Stereotypen unmöglich"
>
> (Patrice G. Poutrus; Jan C. Behrends; Dennis Kuck).

„Faschistisch" hieß bei der SED letztlich jeder, der den SED-Allmachtsanspruch ablehnte, zum Beispiel Sozialdemokraten, die bei der KPD zeitweise als „Sozialfaschisten" firmierten, Christdemokraten oder Liberale. Die SED entwertete den „Faschismus"-Begriff, indem sie den Aufstand am 17. Juni 1953 einen „faschistischen Putsch" nannte; im Sinne der SED verteidigte Stefan Hermlin den Mauerbau, der den „Anti-Globke-Staat" gefestigt habe; die Mauer firmierte bei der SED als „antifaschistischer Schutzwall". Doch die Maschinengewehre zielten auf die eigenen DDR-Bürger, nicht auf die angeblichen „Faschisten" im Westen. Mit solchen Etiketten führte die SED sowohl den „Faschismus"- als auch den „Antifaschismus"-Begriff ad absurdum.

Über „Faschismus" gab es in der DDR selbstverständlich in der Öffentlichkeit keine differenzierten Diskussionen.

> „Von Beginn der SED-Herrschaft an war (…) in der SBZ/DDR keine öffentliche Debatte, sondern ein parteioffizieller Diskurs vorherrschend, der weniger der Auseinandersetzung der eigenen Gesellschaft mit dem NS-Regime als vor allem der polemischen Abgrenzung vom Westen diente (...) Es erscheint (…) fraglich, ob die rassistischen und nationalistischen Stereotype der NS-Propaganda, die in der Bevölkerung zweifelsohne verbreitet waren, allein durch die gebetsmühlenartige Wiederholung des antifaschistischen Gründungsmythos der DDR tatsächlich aus dem Wertekanon der Bevölkerung getilgt wurden. Es soll hier nicht geleugnet werden, dass zahlreiche derjenigen Menschen, die (…) bewusst den ‚Aufbau des Sozialismus' unterstützten, sich auch mit dem NS auseinandersetzten. Diese stellten aber zu jedem Zeitpunkt eine Minderheit in der DDR-Gesellschaft dar."
>
> (Patrice G. Poutrus; Jan C. Behrends; Dennis Kuck).

Die Geschichtspolitik der SED kehrte sowohl den Hitler-Stalin-Pakt unter den Tisch als auch Kooperationen von KPD und NSDAP gegen die Weimarer Demokratie; ebenso die Vertreibung durch Stalin, zu der unzählige Morde und Vergewaltigungen gehörten. Die meisten Opfer dieser kollektiven Bestrafung, die im Schatten der massenhaften NS-Verbrechen geschah, waren Frauen, Kinder und Greise. Unter den Vertriebenen befanden sich NS-Opfer und ihre Familien. Zu den Tätern zählten etliche Leute, die mit den Nationalsozialisten kollaboriert hatten und sich durch Komplizenschaft mit den Vertreibern bei der neuen Diktatur „reinwaschen" wollten. Ohne Ursache und Wirkung zu verwechseln: Stalins Vertreibung reagierte nicht ausschließlich, wie Horst Möller betont, auf die unbestreitbaren Massenverbrechen Hitlers. Denn bereits 1939 annektierte Stalins imperialistische Sowjetunion aufgrund des Hitler-Stalin-Paktes Ostpolen und schuf damit eine Voraussetzung für die Westverschiebung Polens 1945. Doch die SED weigerte sich, jegliche Menschenrechtsverletzungen zu ächten.

Der SED-„Antifaschismus" mied bereits den Begriff „Nationalsozialismus", weil er sich dazu eignet, Ähnlichkeiten zwischen National- und Realsozialismus zu enttarnen – bei allen großen Unterschieden. Stattdessen bevorzugte die SED die Termini „Faschismus“ oder „Nazismus“. Sie nutzte den Begriff „Antifaschismus“, um politische Gegner zu diskreditieren und sich selbst zu legitimieren. Die SED versuchte, die bundesdeutsche Demokratie als „faschistisch“ zu präsentieren – und die SED-Diktatur als Hort von Demokratie und „Antifaschismus“. Kielmansegg erklärt, wie die SED „Antifaschismus“ weidlich missbrauchte, um die eigene Diktatur zu rechtfertigen: „Was die SED auch tut, ihr Staat ist die Absage an den Faschismus und hat deshalb Anspruch auf Loyalität“. Bereits Ulbricht befand: „Wer die Rechtmäßigkeit der DDR in Zweifel zieht, der bezweifelt auch die Rechtmäßigkeit des Kampfes der Völker gegen das mörderische Regime des Hitler-Faschismus.“

Obendrein fingierten SED und Stasi rechtsextreme Vorfälle in der „BRD“; um die Bundesrepublik als „kapitalistisch“ und damit zumindest latent „faschistisch“ zu diskreditieren, versuchte die SED sogar, antikommunistische NS-Gegner und -Opfer wie Konrad Adenauer, Kurt Schumacher und Eugen Gerstenmaier als „Faschisten“ zu diffamieren und zu disqualifizieren. In der Bundesrepublik, so die SED, lauere nach wie vor der „Faschismus“, weil sie es versäumt habe, dessen angebliche Basis, den „Kapitalismus“, durch Enteignung zu beseitigen. In der SED-Propaganda firmierte die DDR nicht nur als „der Staat derer, die dem Faschismus widerstanden hatten, der Kommunisten, sie war vor allem der Staat, der mit dem Kapitalismus auch die Bedingungen der Möglichkeit des Faschismus ausgetilgt hatte“ (Peter Graf Kielmansegg). Doch der Kern der marxistisch-leninistischen Doktrin heißt Machteroberung der Partei, nicht Enteignung der Produktionsmittel und/oder Kampf gegen angeblichen oder tatsächlichen „Faschismus“. Darüber sollte der ritualisierte „Antifaschismus“ der SED hinwegtäuschen.

Zugleich schürte die SED fremdenfeindliche Ressentiments: So ermahnte die SED „die Bevölkerung – besonders in den 1950er-Jahren, aber auch später – ständig zur ‚Wachsamkeit‘ gegenüber ‚Fremden‘ … ‚Fremde‘ konnten in der Diktion der SED-Propaganda immer ‚feindliche Agenten, Provokateure und Saboteure' sein, denen man nicht vertrauen konnte" (Jan C. Behrends, Dennis Kuck und Patrice G. Poutrus). Gerade auch in Krisen bediente die SED antipolnische Ressentiments („polnische Wirtschaft"), zumal als die polnische Gewerkschaft Solidarnosc mit Unterstützung des polnischen Papstes gegen die kommunistische Herrschaft aufbegehrte. Als sich die Versorgungskrise in der DDR Ende der Achtzigerjahre verschärfte, gelangten Schlagworte wie „Schmuggel" und „Warenabkauf" durch Ausländer in die SED-gesteuerten DDR-Medien. Damit versuchte die SED, von ihrer verfehlten und desaströsen Wirtschaftspolitik abzulenken.

Bis 1989 bekämpfte das SED-Regime – ähnlich wie alle Diktaturen – vehement insbesondere jene Vielfalt und jenes Anderssein, die in einer Demokratie auf der Basis eines Grundkonsenses legitim sind. Sie verfolgte, drangsalierte und terrorisierte jene, die – wie Bürgerrechtler – Weltoffenheit forderten. Insofern verweigerte sich die SED der wichtigsten Lehre aus dem Nationalsozialismus, nämlich der Devise „Nie wieder Diktatur!". Immer wieder versuchte die SED, Rechtsextremismus und Ausländerfeindlichkeit, die es in der DDR gab, zu negieren, zu bagatellisieren oder der „faschistischen" Bundesrepublik anzulasten.

Die SED-Diktatur ähnelte keinem Hort von Internationalität, Pluralismus und Weltoffenheit.

> „Konflikte zwischen Deutschen und ‚Fremden' waren tabuisiert, daher konnten sich keine Konfliktkultur und keine gesellschaftliche Toleranz entwickeln. Vielmehr versuchte die SED, durch die Kasernierung der ‚Fremden' die Kontaktfelder zu minimieren."
>
> (Jan C. Behrends, Dennis Kuck und Patrice G. Poutrus).

Die Mehrzahl der ausländischen Vertragsarbeiter lebte in „Sowjetpreußen" (Herbert Wehner) stark isoliert; schwangere Arbeiterinnen aus dem Ausland mussten abtreiben oder die DDR verlassen.

Der Terror der SED diskreditierte den eigenen „Antifaschismus“. Bei allen Unterschieden zur Hitler-Diktatur: Die SED hat ebenfalls Menschenrechte zutiefst verletzt – wie wollte eine solche Partei Hitlers Massenverbrechen glaubwürdig verurteilen? Darin liegt der Kern, warum der „Antifaschismus“ der SED unter schwerwiegenden Legitimitätsdefiziten litt und leidet. Obendrein versuchte die SED, den millionenfachen Judenmord im „Dritten Reich“ in den Hintergrund zu drängen – sie betonte stattdessen die Opfer unter kommunistischen Kämpfern gegen den „Faschismus“, der direkt nach Hitlers Machtergreifung begann, Kommunisten zu verfolgen.

Juden galten der SED „nur“ als Opfer und damit zweitrangige „Antifaschisten“, weil sie anders als viele Kommunisten aus SED-Sicht üblicherweise weder zu den aktiven Kämpfern gegen Hitler gehörten noch zur Arbeiterklasse, weshalb die SED sie auch finanziell schlechter stellte. François Furet kommentierte: „Kommunisten sind nicht bereit, auf das Privileg zu verzichten, vor allen anderen Hitlers Hass auf sich gezogen zu haben.“ Der Massenmord an (kapitalistischen) Juden passte schwer ins ideologische Schema der antikapitalistischen SED. So verweigerte Ulbricht die Entschädigung jüdischer Emigranten, weil damit die Arbeiterklasse geschädigt würde, die vor allem unter Hitler gelitten hätte.

Als Paul Merker, Mitglied des SED-Politbüros, für „Wiedergutmachung“ plädierte, ließ ihn die SED 1955 sogar in einem Schauprozess zu acht Jahren Haft verurteilen – wegen „Verschiebung von deutschem Volksvermögen“, wie es im damaligen ZK-Beschluss hieß. Die SED unterstellte Merker, zu einer Verschwörergruppe des „zionistischen Monopolkapitals“ unter US-Einfluss zu gehören; diese habe die „aus deutschen und ausländischen Arbeitern herausgepressten Maximalprofite der Monopolkapitalisten in angebliches Eigentum des jüdischen Volkes umgefälscht.“ Nach Hitler profitierte der „antifaschistische“ Ost-Staat damit von der „Arisierung“ jüdischen Vermögens; in vielen Fällen verweigerte er sowohl eine Entschädigung als auch eine Rückgabe, weil potenzielle Nutznießer, so die SED, meist zur „Klasse" der „jüdischen Kapitalisten" gehörten und damit zu den „Klassenfeinden". So mutierte „Reichsvermögen" zu „Volksvermögen".

Die SED betrieb eine israelfeindliche Politik: Ihr galt der Zionismus (Israel als „Speerspitze des Imperialismus") in der Tradition Lenins als „nationalistische Bewegung der internationalen jüdischen Bourgeoisie"; sie nutze ihn in leninistischer Tradition, um das „jüdische Proletariat vom Klassenkampf abzuhalten". Die DDR unterhielt keine diplomatischen Beziehungen zu Israel. Jüdisches Leben fand in der SED-Diktatur kaum Raum; 1989 gehören nur noch rund 600 Mitglieder zur jüdischen Gemeinde in der DDR. Zugleich pflegte die SED enge Kontakte zur PLO. Immerhin gab es in der DDR in kirchlichen Kreisen Engagement zur Aussöhnung mit Israel und dem Judentum. Erst in den 1980er-Jahren, als die SED in den USA Kapital für den Erhalt der DDR beschaffen wollte, damit aber auf jüdische Widerstände stieß, gab die Honecker-Partei einzelne Signale zur Verständigung mit Israel und dem Judentum: Zum Beispiel gewährte die SED öffentliche Mittel, um die Synagoge in Ostberlin zu restaurieren.

Erst im April 1990 bekannte die erste frei gewählte Volkskammer der DDR in einer Deklaration, die Konrad Weiß, Bürgerrechtler in der DDR und später Bundestagsabgeordneter (Grüne), maßgeblich verfasst hatte: „Wir bitten die Juden in aller Welt um Verzeihung. Wir bitten das Volk in Israel um Verzeihung für Heuchelei und Feindseligkeit der offiziellen DDR-Politik gegenüber dem Staat Israel und für die Verfolgung und Entwürdigung jüdischer Mitbürger auch nach 1945 in unserem Lande". Dennoch: Nach fast 60 Jahren Diktatur, nach 40 Jahren SED-Regime, nach einer solchen Geschichte gibt es heute in Ostdeutschland mancherorts einen günstigeren Nährboden für Rechtsextremismus als im Westen.

Die geistig-moralischen Hinterlassenschaften der „antifaschistischen" SED, darunter eine weitgehend areligiöse Gesellschaft, bieten heute mancherorts fruchtbare Felder für Rechtsextremismus – nicht mehr und nicht weniger. Dazu gehören Überbleibsel der SED-Herrschaft wie Freund-Feind-Denken bzw. Erziehung zum Hass („Klassenfeind"), Antipluralismus, Autoritarismus, Fanatismus („Diktatur des Proletariats"), Kollektivismus, Untertanengeist, Militarismus (Militarisierung der Schulen in der Honecker-Zeit), Kirchen-, USA-, Israel- und Ausländerfeindlichkeit.

Gerade auch der SED-Antipluralismus bzw. ihr Streben nach gesellschaftlicher Homogenität eigneten sich, Fremdenfeindlichkeit in der DDR zu begünstigen:

> „Die Aufhebung gesellschaftlicher Konflikte ... gehörte zu den zentralen Zielen des Regimes – dementsprechend gering war die Toleranz gegenüber ‚randständigen' gesellschaftlichen Gruppen in der DDR. Dieses gesellschaftliche Klima, das ein Höchstmaß an Konformität und Konfliktfreiheit zum Normalzustand erklärte, schuf schlechte Voraussetzungen für einen toleranten Umgang mit den ‚Anderen', die dem Ideal der Staats- und Parteiführung und/oder dem der Mehrheit der Bevölkerung nicht entsprachen"
>
> (Jan C. Behrends, Dennis Kuck und Patrice G. Poutrus).

Der großen Mehrheit der DDR-Bürger mangelte es auch an Erfahrung im Umgang mit Fremden, die in der DDR meist abgeschottet lebten. Spätestens der Mauerbau nahm der Mehrheit der Ostdeutschen die Chance, vor allem ins westliche Ausland zu reisen. Internationale Mobilität war nur wenigen Privilegierten möglich. Nur eine Minderheit konnte sich Urlaubsreisen in die sozialistischen Bruderländer leisten, zum Beispiel nach Ungarn. Völkerfreundschaft und internationale Solidarität war eher verordnet als gelebt. Fremde und Einheimische lebten mehr neben- oder gar gegeneinander statt miteinander. Auch wirtschaftliche Konkurrenz zwischen ausländischen Vertragsarbeitern und DDR-Bürgern leistete keinen Beitrag, Vorurteile abzubauen. Ganz wesentlich auch: Der SED-Diktatur mangelte es naturgemäß an einer starken Zivilgesellschaft, die sich dafür engagieren konnte, Rechtsextremismus und Fremdenfeindlichkeit zu bekämpfen. Kielmansegg resümiert, wozu der „Antifaschismus" der SED heute beiträgt: „Dass diese Art der ‚Entsorgung der Vergangen-

heit‘ nicht folgenlos blieb, hat sich nach 1990 gezeigt.“
Selbst André Brie, Chefdenker der „Linken“, bilanziert: „Eine Ursache rechter Gewalt liegt sicher in der DDR … Die DDR war ein abgeschottetes Land. Schon dort gab es Neofaschismus, aber darüber durfte nicht diskutiert werden. In der DDR lebten eine halbe Million sowjetische Soldaten und viele vietnamesische Vertragsarbeiter. Die wurden ghettoisiert und abgeschottet. Niemand musste kulturelle Widersprüche leben. Die DDR hat einen Antifaschismus postuliert, der nicht demokratisch erstritten wurde. In diesen konnte 1945 jeder problemlos reinschlüpfen. Die DDR war ein Law-and-order-Staat, das ist für Neonazis bis heute ein Anknüpfungspunkt … Es gab 1945 einen ungeheuren Bruch. Aber die Mentalitäten wurden nicht gebrochen … Die kommunistische Bewegung hat spätestens mit ihrer Stalinisierung Demokratie und Emanzipation abgelegt. Sie hat schon vor 1933 Konzepte verfolgt, der gleiche Denkweisen und ähnliche Symbole wie der NS-Bewegung zugrunde lagen. Hier gibt es eine ganz fatale Kontinuität. Autoritätshörigkeit, Hierarchiedenken und Harmoniesucht der Ostdeutschen sind ein Nährboden für Neonazis. Nur wenn wir diese kulturellen Ursachen des Rechtsextremismus in Ostdeutschland reflektieren, werden wir eine Antwort auf die rechte Gefahr finden.“ Doch heute wollen Linksextremisten unterschiedlicher Provenienz mit dem Rechtsextremismus seine vermeintliche Hauptursache, den „Kapitalismus“, also Demokratie und Soziale Marktwirtschaft, beseitigen.

## 5. Rechtsextreme Themen im Spiegel der Demoskopie

Auch wenn Stimmungen keine Stimmen sind und Umfragen keine Wahlergebnisse: Um elektorale Chancen und Grenzen von Rechtsextremisten abzuschätzen, gilt es auch, das demoskopische Umfeld zu untersuchen, in dem sie agieren und agitieren. Welche demoskopischen Trends fördern bzw. hemmen Rechtextremisten? Inwieweit finden sie in relevanten Bevölkerungsgruppen geistig-moralische Einstellungen, auf denen sie aufbauen können? Inwieweit gibt es in Deutschland heute aus demoskopischer Perspektive fruchtbare Felder für Rechtsextremismus? Oder präsentiert sich der mentale Untergrund für ihn eher ungünstig? Welche Konstanten und Veränderungen des Meinungsklimas in der Bundesrepublik geben dem Rechtsextremismus demoskopischen Rücken- oder Gegenwind?

Das schwindende Vertrauen in das politische System der freiheitlichen Demokratie bildet zumindest keinen Nachteil für Rechtsextremisten. Auch wenn es immer wieder Phasen der Unzufriedenheit mit einer Regierung oder einzelnen Politikern und Parteien gibt: Dauerhaftes Misstrauen gegenüber den Regierenden, wie vom Institut Allensbach gemessen, kann das Vertrauen in die Demokratie als solche und das politische System unterminieren. Heute äußert sich mit 74 % der Bürger eine große Mehrheit (2003: 72 %) als zufrieden mit der praktizierten Demokratie, 19 % der Westdeutschen bezeichnen sich als unzufrieden damit (2003: 24 %). In Ostdeutschland dagegen bildet die Zahl derer, die unzufrieden mit der Demokratie sind, eine knappe Mehrheit von 46 % gegenüber 45 % Zufriedener. Vor drei Jahren war sowohl die Zahl der Zufriedenen als auch der Unzufriedenen im Osten um 2 Prozentpunkte höher – beide Werte sind derzeit also eher stabil. In einer Allensbacher Untersuchung, die seit den 1960er-Jahren nach den angesehensten und vertrauenswürdigsten rund zwanzig Berufen fragt, rangieren Politiker ganz unten.

Nur noch knapp die Hälfte der Deutschen nennt sich selbst religiös; die Mehrheit junger Menschen empfindet das Christentum als nicht mehr zeitgemäß. Allerdings sahen die Deutschen das Christentum 2006 positiver als 2004. Ebenfalls eher günstig auch für Rechtsextremisten: Während in der Bundesrepublik über Jahrzehnte sowohl Unternehmensgewinne als auch Einkommen der Arbeitnehmer fast kontinuierlich wuchsen, sind zumindest die Verteilungsfreiräume in den letzten Jahren beinahe stetig geschrumpft – unterdessen sank das Vertrauen der Deutschen in die Soziale Marktwirtschaft. Nur 25 % der Bundesbürger beurteilten die bundesdeutsche Wirtschaftsordnung positiv, 45 % hingegen negativ.

Profitieren kann eine rechtsextreme Partei auch von starker Skepsis gegenüber der Sozialen Marktwirtschaft und der Globalisierung. Noch Ende der 1990er-Jahre überwogen Einschätzungen, die Soziale Marktwirtschaft diene sowohl wirtschaftlichen als auch sozialen Belangen. Heute hingegen bestreitet mit 62 % eine große Mehrheit, es gebe in Deutschland eine Soziale Marktwirtschaft. Der Protest gegen Versuche, Sozialleistungen auf wirklich Bedürftige zu konzentrieren, genießt bei der Bevölkerung hohe Sympathien.

Insbesondere Meldungen, wonach einzelne Unternehmen Rekordgewinne einfahren, aber zugleich Massenentlassungen vornehmen, treffen auf großes Unverständnis, verunsichern viele Menschen und verstärken Zweifel an der Sozialen Marktwirtschaft. Aus der Perspektive der Mehrheit führt Strukturwandel eher dazu, Arbeitsplätze abzubauen statt zu sichern. Vor Massenentlassungen fürchten sich viele Menschen mehr als vor Terroranschlägen, Sozialkürzungen und Klimawandel. Auch wenn die Mehrheit weiß oder ahnt, wie wichtig Wirtschaftswachstum für Arbeitsplätze und soziale Sicherheit ist: Seit einiger Zeit sinkt die Zahl derer auf heute 40 %, die meinen, Wirtschaft und Bürger säßen in einem Boot.

Renate Köcher konstatiert:

> „Das Vertrauen in unser Wirtschaftssystem erodiert in Deutschland als Folge seit Jahren unbefriedigender wirtschaftlicher Erfolge und des zunehmenden Gefühls, dass immer weniger Menschen davon profitieren und immer mehr zurückfallen (…) Auch die sozialen Unterschiede, die mit einem freiheitlichen System einhergehen, entfalten in einer wirtschaftlichen Schwächephase eine andere Wirkung als bei solidem Wachstum. Die überwältigende Mehrheit der Bevölkerung hat den Eindruck, dass Einkommen und Besitz in Deutschland nicht gerecht verteilt sind (…) Zunehmend wendet sich dieser Verdacht gegen das Wirtschaftssystem selbst. Die ursprünglich vorherrschende Überzeugung, gerade die Marktwirtschaft ermögliche überhaupt erste einen sozialen Ausgleich, da nur in diesem System die nötigen Ressourcen erwirtschaftet werden können, die für diesen Ausgleich und die Unterstützung Hilfebedürftiger notwendig sind – diese Einschätzung ist von einer Mehrheits- zur Minderheitsmeinung geworden. Heute dominiert die Überzeugung, dass die Marktwirtschaft automatisch soziale Unterschiede vergrößert, die Reichen reicher und die Armen ärmer macht."

Hierbei handelt es sich um einen eher günstigen Resonanzboden für rechtsextreme Agitation.

Nur 5 % der Befragten erklären Deutschland samt Sozialer Marktwirtschaft im Vergleich der Industrieländer zu dem Land, das ihren Vorstellungen von sozialer Gerechtigkeit am nächsten kommt. Entsprechend gesunken ist das Vertrauen in die Soziale Marktwirtschaft. Für die Zukunft erwartet die Mehrheit eher weniger als mehr soziale Gerechtigkeit. Gesellschaftliche Konflikte erwarten zum einen 44 % der Befragten zwischen Arbeitsplatzbesitzern und Arbeitslosen, zum anderen 58 % der Befragten zwischen Deutschen und Ausländern (bis 29-Jährige sogar 66 %; über 60-Jährige 54 %).

Auch wenn die Deutschen, anders als oft behauptet, sich im internationalen Vergleich besonders aufgeschlossen gegenüber anderen Kulturen und Religionen zeigen: Die Bundesbürger halten ein friedliches Zusammenleben mit der islamischen Welt für dauerhaft kaum möglich. 61 % erklären, es werde immer wieder zu schweren

Konflikten kommen. 58 % erwarten Spannungen mit der muslimischen Bevölkerung in Deutschland, nur 22 % widersprechen solchen Perspektiven ausdrücklich. 46 % erwarten in nächster Zeit Terroranschläge in Deutschland. Gewachsen von 46 % im Jahr 2005 auf heute 56 % ist die Zahl derer, die befinden, es gebe einen ernsten „Kampf der Kulturen“ zwischen Islam und Abendland in Deutschland. Immerhin differenziert eine große Mehrheit zwischen Islam und Islamismus: 60 % erklären, nur einzelne Extremisten verursachten die Bedrohung, 69 % wenden sich gegen „Multikulti-Seligkeit“.

Eher ungünstig für Rechtsextremisten und ihre eurofeindliche Agitation könnte sich die sinkende Skepsis der Deutschen gegenüber der Europäischen Union auswirken. Während 16 % der Deutschen im Sommer 1992 mehr Vor- und 33 % mehr Nachteile von der deutschen EU-Mitgliedschaft erwartete (38 % meinten, weder Vor- noch Nachteile überwögen), erklären heute mit 20 % mehr Befragte als früher, die Vorteile überwögen gegenüber den Nachteilen – 18 % meinen nach wie vor, die Nachteile dominierten gegenüber den Vorzügen. Auch in Ostdeutschland ist die Skepsis seit 1992 gesunken. Damals äußerten 21 % Skepsis und 14 % eher Vorteile, heute erkennen 15 % eher Nachteile und 15 % eher Vorteile.

Allerdings stößt der Euro nach wie vor auf erhebliche Bedenken und Kritik bei den Deutschen. Eine starke Mehrheit, derzeit rund 57 %, vertraut der neuen Währung wenig oder gar nicht. Ebenfalls eher kein Nachteil für Rechtsextremisten: Die wachsende Skepsis der Bevölkerungsmehrheit gegenüber Auslandseinsätzen der Bundeswehr. Die meisten Deutschen hegen beinahe isolationistische Gelüste. Nur 29 % der Deutschen befürworten heute Auslandseinsätze der Bundeswehr (2002: 51 %); die Mehrheit (50 %) wendet sich inzwischen prinzipiell dagegen.

# 6. Rechtsextremismus im Wandel

## 6.1 Neuausrichtung der NPD

Über Jahrzehnte dämmerte die NPD im politischen Wachkoma. Bei Wahlen landete sie meist zuverlässig in der Rubrik „Splitterparteien". Erst Parteichef Udo Voigt revitalisierte die NPD. So gab er ihr vor allem auch eine Strategie. Davon profitierte die NPD bei der Landtagswahl 2004 in Sachsen und 2006 in Mecklenburg-Vorpommern (ebenso vom gescheiterten NPD-Verbotsverfahren). Kurz nach seinem Amtsantritt 1996 präsentierte Voigt zunächst sein Drei-Säulen-Konzept: Den „Kampf um die Köpfe, die Straße und die Parlamente". Im Jahr 2004 ergänzte Voigt eine vierte Säule: den „Kampf um den organisierten Willen". Auf diesen vier Säulen basiert die NPD-Strategie. Mit ihr will Voigt die NPD professionalisieren. Es geht ihm damit um langfristige Aufbauarbeit statt nur kurzlebige Wahlerfolge à la DVU und REP, die über keine solche Strategie verfügen. Mit ihrer Strategie will die NPD ihre Kampagnefähigkeit stärken.

Eine der Säulen, der „Kampf um die Straße", meint: Gemeinsam mit vagabundierenden Neonationalsozialisten will die NPD – in SA-Tradition – stärker vor Ort politische Präsenz, Relevanz und Stärke beweisen; sie wollen in vorpolitische Räume stoßen, Vakuen ausfüllen und Themen besetzen. Die NPD und ihre Gesinnungsgenossen wollen den „Kampf um die Straße" stärker in Ostdeutschland führen, wo die Zivilgesellschaft nach 60 Jahren Diktatur viel schwächer ist als in weiten Teilen des Westens; gemäßigte Parteien, Kirchen und Gewerkschaften haben prozentual viel weniger Mitglieder. Mancher CDU- oder SPD-Kreisverband im Westen (CSU sowieso) gebietet immer noch über mehr Mitglieder als mancher CDU- oder SPD-Landesverband im Osten; zur SPD-Dortmund und zur CDU-Paderborn zum Beispiel gehören mehr Mitglieder als jeweils zu beiden Landesverbänden der Volksparteien in Mecklenburg-Vorpommern.

Damit gibt es dort und anderswo im Osten weniger bekennende (und aktive) Demokraten und mehr Freiräume für Antidemokraten.

In solche Freiräume wollen die NPD und ihre Gesinnungsgenossen mit ihrem „Kampf um die Straße" vorstoßen. Ihr Ziel: die „Entscheidungsschlacht" um die Parlamente gewinnen. Darum geht es im Kern. Allerdings prägt Ambivalenz bis heute das Verhältnis der NPD zu „Freien Kameradschaften" bzw. „Autonomen Nationalisten". Denn mit militanten Neonazis zu kooperieren, bedeutet eine große Herausforderung für die NPD, die seit einiger Zeit als rechtsextremes Sammelbecken fungiert. Inzwischen gehört ihr Spannungsverhältnis zu den „Freien Kameradschaften" und vor allem den „Autonomen Nationalisten", die seit jüngster Zeit viel Aufsehen erregen, zu den Hauptstreitpunkten in der NPD. Die zentrale Frage lautet: Mutiert die militante Neonazi-Szene für die NPD vom Helfer zum Hemmschuh?

Seit Monaten diskutiert die NPD über ihr Verhältnis zu „Freien Kameradschaften" und „Autonomen Nationalisten". Denn sowohl das NPD-Finanzchaos als auch gewalttätige Ausschreitungen bei ihren Veranstaltungen widersprechen der NPD-Eigenwerbung als Partei von Recht und Ordnung. Im Kern geht es der NPD um ihr Image. Denn vor allem eines braucht die NPD dringend: Wahlerfolge. Durch den Sprung über die 5%-Hürde oder zumindest durch Teilnahme an der staatlichen Wahlkampfkostenerstattung könnte die alt-neue NPD-Führung sowohl ihren eigenen Führungsanspruch stabilisieren als auch die Finanzen der eigenen Partei.

## 6.2 Freie Kameradschaften

Seit Ende 1992 haben die Innenminister des Bundes und der Länder über 25 rechtsextreme Vereinigungen verboten, darunter die Wiking-Jugend und die Freiheitliche Deutsche Arbeiterpartei (FAP). Jüngst verbot der Bundesinnenminister die „Heimattreue deutsche Jugend" (HDJ), die Beziehungen zur NPD pflegt. In ihrem Wesen erinnert die HDJ sowohl an die verbotene „Hitler-Jugend" (HJ) als auch die illegale „Wiking-Jugend". Ähnlich wie die HJ, aber auch die „Wiking-Jugend", versuchte die HDJ, Kinder und Jugendliche – durch Indoktrination – mit der NS-Ideologie zu infizieren, zum Beispiel in angeblich unpolitischen Zeltlagern.

Mit den Verboten implodierten die Organisationsstrukturen des militanten Rechtsextremismus weitgehend. Um darauf zu reagieren, bildeten Kader wie Thomas Wulff und Thorsten Heise bald „Freie Kameradschaften". Der Druck von außen förderte das interne Umdenken unter militanten Neonazis. Daraufhin öffnete Voigt die NPD stärker für militante Neonazis, um seine Partei personell aufzurüsten. Bis heute ist die NPD weit von ihren früheren Mitgliedzahlen entfernt. Umgekehrt profitieren militante Neonazis vom Parteistatus der NPD, beispielsweise bei Demonstrationen. Denn mit ihrem privilegierten Parteistatus fällt es der NPD leichter, Demonstrationen anzumelden und durchzuführen als den „Freien Kameradschaften". Deshalb tummeln sich militante Neonationalsozialisten in der Partei bzw. auf ihren Veranstaltungen.

Formal verfügen „Freie Kameradschaften" üblicherweise über keinen Vorsitzenden, keine Mitgliedsliste, keine Mitgliedsbeiträge, keine Statuten und kein Programm, das ihre verfassungsfeindlichen Ziele ausformulierte. Normalerweise veranstalten „Freie Kameradschaften" keine Parteitage und keine Gremiensitzungen. Das Adjektiv „frei" bedeutete ursprünglich gerade auch parteifrei. Als Organisationen praktisch ohne Organisation, als lose verkoppelte Zusammenschlüsse bieten sie weniger Angriffsflächen. So sind sie für die Behörden schwerer zu beobachten und deshalb auch kaum zu verbieten.

Um einander zu kontaktieren und zu mobilisieren, nutzen sie hauptsächlich moderne Medien. Ihre Führer gründen ihren Führungsanspruch eher auf „natürliche Autorität" als auf eine offizielle Bestellung oder gar Wahl. Äußerlich erinnern Vertreter der „Freien Kameradschaften" üblicherweise weniger an Rechtsextremisten wie (gewaltbereite Skinheads) mit Glatze und Springerstiefel. Eher treten sie, zumindest im Alltag, wie Normalbürger auf: „Braune Brandstifter als Biedermeier" oder „Neonazis in Nadelstreifen" sozusagen. Offenkundig geht es ihnen darum, sich Akzeptanz und Ansehen in der Bevölkerung zu verschaffen. Um ihre Isolation zu verringern und ihre rechtsextreme Gesinnung zu tarnen, engagieren sie sich daher auf kommunaler Ebene teilweise auch für ganz reale Probleme, zum Beispiel für ein Jugendzentrum oder gegen Arbeitsplatzabbau von ortsansässigen Unternehmen.

Mitunter helfen militante Neonazis auch tatkräftig vor Ort, zum Beispiel bei der Linderung der Oderflut 2002. Ähnlich wie die NPD versuchen sie, örtliche Missstände anzuprangern und zu bewältigen, statt ausschließlich durch rechtsextreme Tiraden aufzufallen. Insofern gilt der NPD-Slogan „sozial geht nur national" auch umgekehrt. Hinzu kommen politische Großthemen wie Hartz IV und Pseudopazifismus: Solche Themen dienen als Vehikel, um Zustimmung und Anhänger zu gewinnen. Mitunter gelingt es solchen Kameradschaften sogar, Demonstrationen ihrer Feinde, Gegner und Konkurrenten zu unterwandern. Gerade weil sie auch reale Probleme aufgreifen und anprangern, sind „Freie Kameradschaften" heute gefährlicher als früher. Intensiver als früher versuchen sie, sich der Mehrheitsgesellschaft zu nähern und sich vom Sektierertum zu distanzieren. Damit fällt es schwerer, flexible Fanatiker ohne Weiteres als militante Neonazis zu enttarnen.

In Ostdeutschland dominieren die „Freien Kameradschaften" mancherorts die örtliche Jugendszene. Unterdessen scheint die rechtsextreme Skinhead-Szene mit ihren Glatzen, Springerstiefeln, Alkoholexzessen und ihrem Gegröle momentan eher Auslaufmodell zu sein, gerade im Vergleich zu „freien Kameradschaften" mit ihrem „Normalbürger-Auftreten". In ganz Deutschland gibt es heute etwa 200 militante „Freie Kameradschaften". Üblicherweise gehören 20 bis 40 Neonazis zu solchen Kameradschaften, die seit über zehn Jahren ein Zentralelement des Rechtsextremismus bilden.

### 6.3 Autonome Nationalisten

Die „Autonomen Nationalisten“ gerieten dagegen erst 2008 verstärkt ins öffentliche Interesse. Am 1. Mai 2008 attackierten sie in Hamburg massiv Polizei und Gegendemonstranten. Dass es damals keine Toten gab, grenzt an ein Wunder, wie Medienvertreter meinten. Angemeldet hatte den Aufmarsch die Hamburger Kameradschaftsszene; die NPD hatte ihn unterstützt. Die „Autonomen Nationalisten“ gehören ebenfalls zur militanten Neonazi-Szene. Sie agieren stärker als herkömmliche Kameradschaften im Westen. Teilweise stammen sie aus „Freien Kameradschaften“. Es gibt also Schnittmengen zwischen „Autonomen Nationalisten“ und „Freien Kameradschaften“. Gerade auch die NPD-Strategie, mit „Freien Kameradschaften“ zu kooperieren oder sie gar zu integrieren, führte zur Entstehung der „Autonomen Nationalisten“. Sie sind, etwas überspitzt formuliert, wesentlich gegen die NPD entstanden. Stärker als die „Freien Kameradschaften“ distanzieren sich die „Autonomen Nationalisten“ von der NPD – und umgekehrt.

Mit ihren martialischen Methoden und ihrem aggressivem Auftreten sind „Autonome Nationalisten“ stärker aktionsorientiert als andere Rechtsextremisten. Ihr „Eventextremismus“ bildet eine Mischung aus Rechtsextremismus und purem Nihilismus. Schwerpunkt ihrer Aktivitäten ist eher die „Schlacht um die Straße“ als die „Schacht um Köpfe und Parlamente.“ In solchen Kreisen dominieren ja eher simple Denkstrukturen. Der Alterdurchschnitt der „Autonomen Nationalisten“ liegt noch niedriger als der Altersdurchschnitt der „Freien Kameradschaften“. Ihr Adjektiv „autonom“ betont sowohl Unterschiede zu konventionellen Kameradschaften als auch Ähnlichkeiten zu linksextremistischen Autonomen. Einerseits distanzieren sie sich stärker von der NPD und ihren Sammlungsbemühungen im rechtsextremen Milieu. Deshalb nennen sie sich „autonom“. Andererseits verfolgen die „Autonomen Nationalisten“ Methoden, aber auch Inhalte, die eher von Linksautonomen stammen.

Ihre rudimentäre Ideologie kreist ähnlich wie die Ideologie anderer Rechtsextremisten um einen „nationalen Sozialismus“ samt Ausländerfeindlichkeit, Antisemitismus, Antiamerikanismus und Antikapitalismus. Mit dem Begriff „nationaler Sozialismus“ umgehen sie den Terminus „Nationalsozialismus“. Die rechtsextreme Globalisierungskritik „autonomer Nationalisten“ propagiert – anders als linksextreme Globalisierungsschelte – „ethnopluralistische“ bzw. heterophobe Weltdeutungen im Sinne von „Deutschland den Deutschen, Türken in die Türkei“ usw. Insgesamt kennzeichnet eine besonders ausgeprägte Demokratiefeindschaft die Minimal-Ideologie der „Autonomen Nationalisten“. Ihre Organisation ist noch lockerer als jene der „Freien Kameradschaften“. Sie bilden lose Personenzusammenschlüsse: Mitgliedschaft durch Mitmachen. In Aussehen und im Auftreten ähneln „Autonomen Nationalisten“ Linksautonomen. Zum fast uniformen Aussehen der vermummten Aktivisten gehören schwarze Kapuzenpullover, Baseballkappen, Sonnenbrillen bei jeder Witterung und Palästinensertücher – statt Glatze, Bomberjacke und Springerstiefel. Kurz: „Braune“ tragen nun schwarz.

Hinzu kommen – um zu provozieren und sich selbst zu tarnen – Piercings, ein vielfältiges Repertoire an sogenannter Musik, darunter selbst Hip-Hop, Parolen wie „Kapitalismus zerschlagen“ und Anglizismen wie „Fuck Authority“ oder „Fight the System“. Symbole der „Autonomen Nationalisten“ erinnern ebenfalls an Linksautonome, zum Beispiel die schwarze Fahne im schwarzen Kreis. Inzwischen sind „Autonome Nationalisten“, zumindest äußerlich, kaum noch von Linksautonomen zu unterscheiden. Damit fällt es schwerer, „Autonome Nationalisten“ prima vista dem Rechtsextremismus zuzuordnen. Sogar Szeneangehörige selbst haben mitunter Probleme, einander zuzuordnen: So kommt es bei Schlägereien immer wieder ungewollt zu „friendly fire“.

Besonders ihre hohe Gewaltbereitschaft kennzeichnet die „Autonomen Nationalisten“:

- eine Gewaltbereitschaft, die primär den Erlebnishunger der „Autonomen Nationalisten“ stillt (ähnlich wie bei Hooligans im Fußball);
- eine Gewaltbereitschaft, die stärker ausgeprägt ist als bei traditionellen Kameradschaften;

- eine Gewaltbereitschaft, die bei „Autonomen Nationalisten“ als Selbstverteidigung gegen das „repressive System“ firmiert;
- eine Gewaltbereitschaft, die der inoffiziellen Devise „Hohe Aggressivität, niedrige Empathie“ folgt;
- eine Gewaltbereitschaft, die sich vor allem gegen politische Gegner, Polizei und Journalisten richtet. Gerade auch darin unterscheiden sich die „Autonomen Nationalisten“ von anderen Rechtsextremisten, deren Gewaltbereitschaft primär auf Minderheiten zielt, vor allem auf Menschen mit Migrationsgeschichte.

## 6.4 Kooperation von NPD und militanten Neonazis

Über Jahrzehnte distanzierte sich die NPD von der militanten Neonazi-Szene. Dafür gab es einen zentralen Grund: Die gesellschaftlich weitgehend isolierte NPD hielt es damals für taktisch besser, keine Nähe zu militanten Neonazis zu suchen. Der Preis dafür war hoch für die NPD: Denn gerade auch deshalb misslang es ihr, größere Teilnehmerzahlen für ihre Kundgebungen zu mobilisieren. Erst unter Günther Deckert, aber vor allem ab 1996 unter Voigt änderte die NPD ihre Strategie, weil die Partei fürchtete, immer weiter und tiefer in der Bedeutungslosigkeit zu versinken; ihre Mitgliederzahl war von einst 28.000 auf 3.500 gefallen.

Ein wichtiger Auslöser ihres Strategiewechsels waren Großdemonstrationen gegen die Wehrmachtsausstellung. Sie verdeutlichen die Mobilisierungskraft der „Freien Kameradschaften“. Damals erkannte Voigt die Chance, durch die „Freien Kameradschaften“ endlich wieder öffentliche Stärke zu zeigen, intensivere Wahlkämpfe zu führen und Wahlerfolge einzufahren nach der Devise: gemeinsam statt gegeneinander. Unter ihrem neuen Vorsitzenden Voigt umwarb die NPD deshalb fortan verstärkt die „Freien Kameradschaften“. Mit den „Freien Kameradschaften“ wollte Voigt nun „die Schlacht um die Straße“ schlagen. Sie wollte Voigt für die NPD mobilisieren und als personelles Potenzial aktivieren.

Keineswegs unterwanderten also militante Neonazis die NPD. Vielmehr öffnete Voigt seine Partei auch für programmatische Elemente, die den „Freien Kameradschaften" entgegenkamen. So rückte er soziale Themen stärker in den Vordergrund der NPD-Propaganda. Gerade im Osten will Voigt mit „Antikapitalismus" punkten – statt allein nationalsozialistische Verbrechen zu bestreiten, zu beschönigen oder gar zu glorifizieren. Statt sich von militanten Neonationalsozialisten zu distanzieren, sucht die NPD inzwischen ihre Nähe. Dadurch schuf Voigt eine Grundlage für die späteren NPD-Wahlerfolge in Sachsen und Mecklenburg-Vorpommern 2004 und 2006.

Mit militanten Neonationalsozialisten bemüht sich die NPD, ihren massiven Mitgliedermangel zu mindern; mittlerweile platziert sie Szene-Mitglieder sogar in ihren Vorständen, aber auch bei Wahlen auf ihren Listen. Sie lockt damit militante Neonazis auch mit beruflichen/finanziellen Vorteilen. Vor der Landtagswahl in Sachsen 2004 näherten sich militante Neonazis der Partei. Darunter Leute wie Thorsten Heise, früher FAP-Landesvorsitzender in Niedersachsen, oder Thomas Wulff. Mit ihrem Eintritt in die NPD noch vor der Landtagswahl im September 2004 in Sachsen bekannten sich Heise und Wulff deutlich zur NPD; damit gaben die beiden – in ihren Kreisen – prominenten Führer ein klares Signal an ihre Szene. Zuvor hatten beide die NPD jahrelang als zu lasch und legalistisch kritisiert.

Ende 2004 gelangte Heise, kurz nach seinem Parteieintritt, sogar in den NPD-Bundesvorstand – eine Blitzkarriere. Dort ist er bis heute ausdrücklich zuständig für die „Verbindung zu den Freien Kräften". Als Organisator von rechtsextremen Konzerten, als Produzent bzw. Händler von rechtsextremer Musik, als Verkäufer von rechtsextremem „Kulturgut" verbindet Heise sein politisches Engagement aber auch handfest mit seinen geschäftlichen Interessen. Thomas Wulff gehört seit der jüngsten Bundesvorstandswahl ebenfalls zum NPD-Bundesvorstand, dem er früher bereits angehörte.

Um sich als Führer von „Prolet-Ariern" zu inszenieren, trägt Wulff meist eine braune Arbeitermütze; in der Szene firmiert Wulff als

„Steiner“ – nach SS-General Felix Steiner. Wie Wulff gestrickt ist, zeigt folgendes Beispiel: Im Juli 2008 legte er – in Anwesenheit von NPD-Chef Voigt – bei der Beerdigung des früheren SS-Mannes und FAP-Vorsitzenden Friedhelm Busse in Passau eine Reichskriegsflagge inklusive Hakenkreuz auf dessen Sarg. Daraufhin ließ der Passauer Polizeichef Alois Mannichl, engagierter Streiter gegen Rechtsextremismus, das Grab wieder öffnen, um die Flagge mit dem verbotenen Zeichen zu entfernen. Spätestens seither verunglimpfen ihn NPD & Co. massiv im Internet. Ob es allerdings Rechtsextremisten waren, die Mannichl später niederstachen, ist bislang ungeklärt.

Insgesamt bildet die Partei eine Art Rückzugsraum und Tummelplatz für einschlägig Vorbestrafte. Um das Potenzial an militanten Neonationalsozialisten stärker an die NPD zu binden und für die Partei zu nutzen, platziert Voigt einige ihrer Leitfiguren als lebende Lockvögel im NPD-Bundesvorstand; eben Leute wie Wulff und Heise. Aber auch auf NPD-Landeslisten landen immer wieder militante Neonazis. Zum Beispiel gibt es in Mecklenburg-Vorpommern lediglich rund 400 NPD-Mitglieder – umso wichtiger waren und sind Neonationalsozialisten für die Partei. In Thüringen beherrschen militante Neonazis mittlerweile den NPD-Landesverband. Inzwischen dominieren militante Neonationalsozialisten mehr oder minder deutlich die gesamte Partei.

Die enge Kollaboration der NPD mit militanten Neonazis bedeutet viel für die NPD. Gerade auch vor der Landtagswahl in Sachsen 2004 unterstützten militante Neonazis massiv den Wahlkampf der NPD. In Berlin halfen sogar die „Autonomen Nationalisten“, den Landesverband der NPD und der „Jungen Nationaldemokraten“ (JN) zu revitalisieren. Auch in Nordrhein-Westfalen geht in der NPD ohne die „Autonomen Nationalisten“ wenig. Die mitgliederschwache Partei ist dringend auf militante Neonazis angewiesen, gerade in Wahlkämpfen, wenn es darum geht, Flugblätter zu verteilen oder Plakate zu kleben. Sie braucht jene militanten Neonazis, die der Partei sogar beigetreten sind, aber auch als Mitglieder, die Beiträge zahlen und damit wiederum staatliche Zuschüsse auslösen. Denn die NPD ist finanzschwächer als zum Beispiel die DVU unter ihrem langjährigen Eigentümer und Finanzier Gerhard Frey, mit dessen Partei die NPD sowohl kooperiert (zumindest bislang) als auch konkurriert – um Wähler, Mitglieder und Geld, weshalb die DVU von einem NPD-Verbot profitieren könnte.

Hinzu kommt die größere Fähigkeit und Bereitschaft der eher aktionsorientierten „Freien Kameradschaften", jüngere Menschen anzusprechen und für die NPD zu mobilisieren – in Kooperation mit den JN. Insgesamt ist die NPD inzwischen als Mitglieder-, aber auch als Wahlpartei wesentlich jünger und stärker als REP und DVU. Attraktiv sind „Freie Kameradschaften" für Jugendliche gerade auch durch rechtsextreme Konzerte, die sie ausrichten. Die NPD und die „Freien Kameradschaften" nutzen rechtsextreme Musik als Köder. Mit solcher „Musik" wollen sie eher unpolitische Jugendliche anlocken und quasi „anfüttern", um sie für die Szene zu gewinnen.

Hinzu kommen andere Freizeitangebote wie Fußballturniere. NPD und „Freie Kameradschaften" vermeiden es damit, Jugendliche mit einer „Überdosis" an politischen Inhalten oder gar politischer Gremienarbeit zu „nerven". Nebenbei verdient die NPD bzw. ihr Verlag „Deutsche Stimme" Geld an Neonationalsozialisten – zum Beispiel, indem sie ihnen rechtsextreme Tonträger mit sogenannter Musik verkauft. Letztlich fungieren militante Neonazis als Brücke der NPD zu Jugendlichen. Militante Neonazis hingegen betrachten die NPD umgekehrt vor allem als Mittel, um Aufmerksamkeit zu erringen; sie nutzen die NPD als ihren „Parlamentarischen Arm", um politischen Einfluss zu gewinnen. Also für alle Beteiligten eine Art Win-win-Situation?

## 6.5 Konflikte zwischen NPD und militanten Neonazis

Bereits die Integration von militanten Neonazis in der NPD verstärkte in der militanten Neonazi-Szene Ängste und Befürchtungen, die NPD könnte die militante Neonazi-Szene dominieren oder gar vereinnahmen – tatsächlich ist es heute in weiten Teilen der Partei eher umgekehrt. Später kritisierten „Freie Kameradschaften", NPD-Funktionäre missbrauchten sie als „Fußtruppen" für „Drecksarbeit" wie Flugblätter verteilen und Plakate kleben. Umso mehr fordern die „Freien Kameradschaften" Gleichberechtigung und Kooperation auf Augenhöhe. Dazu gehöre es, auf Flugblättern die Kontaktdaten sowohl der NPD als auch der „Freie Kameradschaften" zu platzieren. Umgekehrt sahen sich die NPD bzw. ihre Bündnispartner vor Wahlveranstaltungen veranlasst, auf ein seriöses Auftreten der „Freien Kameradschaften" an Info-Ständen zu pochen. So kursieren in der NPD bzw. ihrem militanten Umfeld Anweisungen, keine Bierdosen zu Info-Ständen mitzubringen und im Wahlkampf die Ärmel herunterzukrempeln, um tätowierte Hakenkreuze und andere verbotene Symbole zu verdecken.

Angespannt ist vor allem das Verhältnis der NPD zu den „Autonomen Nationalisten" und umgekehrt. Parteichef Voigt und seine Getreuen befürchten, das äußerst aggressive Agieren der „Autonomen Nationalisten" verschlechtere das NPD-Image und erhöhe den Repressionsdruck des Staates gegen die NPD. Das wäre fatal für die Partei. Denn gemäß ihrer dritten Säule, der „Schlacht um Parlamente", will die NPD möglichst oft in Parlamente einziehen oder zumindest an der staatlichen Wahlkampfkostenerstattung partizipieren. Dafür will sie sich zumindest in Wahlkämpfen seriös geben – nach ihrem Trauma bei der Bundestagwahl 1969: vor der Wahl 1969 hatten die meisten Zeitungen und das Fernsehen fast nur über Gewalt auf und am Rande von NPD-Veranstaltungen berichtet. Insofern stören die stark antiparlamentarischen „Autonomen Nationalisten" mit ihrer hohen Gewaltbereitschaft die Bemühungen der NPD, seriös zu scheinen. Deshalb distanziert sich Voigt von ihnen, aber eben nur offiziell.

Die strategisch-taktischen Differenzen zwischen beiden sind erheblich. Nach Streitereien kam es bei NPD-Demonstrationen sogar schon zu öffentlichen Schlägereien zwischen NPD-Leuten und „Autonomen Nationalisten". Während die „Autonomen Nationalisten" die NPD für zu angepasst und moderat halten, hält NPD-Chef Voigt mit seinen Getreuen die „Autonomen Nationalisten" umgekehrt für zu wenig angepasst. Deshalb distanzierte sich Voigt 2007 öffentlich in einer Erklärung von „Autonomen Nationalisten", die kurz zuvor erneut durch massive Gewalttätigkeiten aufgefallen waren bei einer NPD-Demonstration.

Daraufhin monierte Voigt, Vertreter des „Schwarzen Blocks" verschreckten Wähler. Die „Autonomen Nationalisten", so bemängelt Voigt, praktizierten Gewalt als Selbstzweck. Offenkundig findet Voigt das äußerst aggressive Agieren der „Autonomen Nationalisten" eher strategisch-taktisch unklug als unberechtigt und illegitim. Deshalb will er auf die Mitwirkung von „Autonomen Nationalisten" auf NPD-Demonstrationen verzichten. Um seine Partei als verfassungskonform zu präsentieren, fordert Voigt, früher Hauptmann bei der Bundeswehr, vielmehr von seinen Komplizen diszipliniertes Auftreten, wenigstens in der Öffentlichkeit.

Die „Autonomen Nationalisten" hingegen wollen ähnlich wie politische Partisanen ins Milieu ihrer Gegner einsickern, weshalb sie sich entweder als Normalbürger tarnen oder sich vermummen, um schwere Gewalttaten zu begehen. Bezeichnenderweise kritisiert die Mehrheit der „Freien Kameradschaften" Voigts Versuch, seine Partei stärker von den „Autonomen Nationalisten" abzugrenzen. Eine Vielzahl „Freier Kameradschaften" solidarisierte sich mit den „Autonomen Nationalisten" gegen die NPD. Die NPD selbst bleibt wohl bis auf Weiteres gespalten in der Frage, wie sie mit militanten Neonazis umgehen soll. Letztlich braucht die mitgliederschwache NPD militante Neonazis, weswegen Leute wie Heise und Wulff im NPD-Bundesvorstand für Voigt und seine Partei wichtig bleiben. Claus Cremer, NPD-Landesvorsitzender in Nordrhein-Westfalen und damit im bevölkerungsreichsten Bundesland, buhlt offen um „Autonome Nationalisten".

Kurz: Das Verhältnis von NPD und militanten Neonationalsozialisten lässt sich als konfliktuelle Komplizenschaft kennzeichnen; sie praktizieren eine Art antidemokratische Arbeitsteilung. Beide teilen eine ähnliche Ideologie, sind aber durch strategisch-taktische Unterschiede getrennt. Denn während weite Teile der NPD das „System" eher von innen aushöhlen wollen, versuchen militante Neonazis es primär von außen zu unterminieren. Trotz mancher NPD-Versuche, gemäßigt zu scheinen und interne Widersprüche zu mäßigen: Seit einiger Zeit fällt es der NPD schwerer, sowohl bürgernah zu wirken als auch mit militanten Neonazis zu kollaborieren oder sie gar zu integrieren.

Dieser Spagat schmerzt die NPD zunehmend; er unterläuft die Versuche der flexiblen Fanatiker, sich zu professionalisieren. Gerade das äußerst aggressive Auftreten „Autonomer Nationalisten" auf NPD-Demonstrationen erschwert es der Partei, sich als gemäßigt zu präsentieren. Solange „Autonome Nationalisten" auf NPD-Veranstaltungen als „unguided missiles" agieren, kann die Partei kaum weitere Wahlerfolge einfahren. Stärker als früher dominieren im neuen NPD-Bundesvorstand Leute mit engen Beziehungen zur militanten Neonazi-Szene. Damit unterstreicht die NPD ihre lupenreine Demokratiefeindschaft.

# 7. Fakten gegen rechtsextreme Lügen und Halbwahrheiten

## 7.1 „Zuwanderungsflut“

Rechtsextreme Rhetorik warnt vor einer „Zuwanderungsflut“ – Tatsache ist jedoch: Seit den 1990er-Jahren ist die Zahl der Asylbewerber und Bürgerkriegsflüchtlinge massiv gesunken. Die Zahl der Asylbewerber ist laut Bundesamt für Asyl und Flüchtlinge von fast 450.000 im Jahr 1993 auf heute rund 20.000 pro Jahr gesunken – das ist ein bundesweiter Rückgang von über 90 %. Zuletzt haben insgesamt sogar, erstmals seit Jahrzehnten, mehr Menschen Deutschland verlassen als hierher gekommen sind (740.000 gegenüber 680.000); damit ist Deutschland derzeit kein Land der Massenzuwanderung, sondern es ist eher Abwanderungsland. Wer über Zuwanderung spricht, muss auch über Abwanderung reden, gerade Abwanderung von qualifizierten und integrierten Menschen („brain drain“).

Im Osten Deutschlands, wo der Rechtsextremismus nach 60 Jahren Diktatur stärker ist als im Westen, liegt die Ausländerquote sogar bei ganzen 2 % – Ausländerfeindlichkeit fast ohne Ausländer (Laut repräsentativen Umfragen überschätzen viele Befragte gerade im Osten den dortigen Ausländeranteil). Wer also vor einer „Zuwanderungsflut“ warnt, emanzipiert sich von den Fakten. Anders als Anfang der 1990er-Jahre gibt es heute keine hohe Zuwanderung nach Deutschland. Davon wollen rechtsextreme Demagogen ablenken. Doch bereits Abraham Lincoln spottete: „Man kann alle Leute einige Zeit zum Narren halten und einige Leute allezeit; aber alle Leute allezeit zum Narren halten, das kann man nicht.“

Kurz:
- Deutschland ist derzeit eher Ab- als Zuwanderungsland.
- Seit 1993 ist die Zahl der Asylbewerber in Deutschland um mehr als 90 % gesunken.
- Im Osten Deutschlands liegt die Ausländerquote bei rund 2 %.

## 7.2 „Islamisierung“

Islam und Islamismus unterscheiden sich wie ein Kirchturm und ein Küchenhocker. Darüber will rechtsextreme Rhetorik hinwegtäuschen. Deshalb warnt sie vor einer „Islamisierung“, um alle Muslime unter Generalverdacht zu stellen. Tatsächlich lebt die übergroße Mehrheit der Muslime gesetzestreu in Deutschland. Sie praktiziert ihren Glauben bzw. ihre Kultur friedlich und will sich integrieren. Muslime sind mehrheitlich längst ein zentraler Teil der bundesdeutschen Gesellschaft. Nur eine kleine Minderheit der Muslime verbreitet Hass und propagiert bzw. praktiziert Gewalt – sowohl gegen Muslime als auch Nichtmuslime. Laut Verfassungsschutz neigt nur ein Prozent der Muslime zum Islamismus, das heißt, verweigert sich den Grundwerten des Grundgesetzes.

Im Kontrast zur rechtsextremen Agitation gehört das Recht, seinen Glauben friedlich zu praktizieren, essenziell zur freiheitlich-demokratischen Ordnung des Grundgesetzes. Selbstverständlich genießen deshalb auch Muslime in der Bundesrepublik eine garantierte Religionsfreiheit – das heißt Freiheit zur Religion, aber auch Freiheit von Religion. Im Widerspruch dazu gehören zum einen Islamisten zu den Fanatikern, die das friedliche Zusammenleben in Deutschland gefährden, die religiösen Pluralismus und damit letztlich die Freiheit für Nichtmuslime und Muslime ablehnen und abschaffen wollen, indem sie sogar Kinder ermorden, wobei Muslime weltweit die Mehrheit der Opfer des Islamismus bilden.

Zum anderen weigern sich (islamophobe) Rechtsextremisten, zwischen Islam und Islamismus zu differenzieren, also zwischen Religion und politischem Missbrauch einer Religion. Doch prägt Ambivalenz das Verhältnis von Rechtsextremisten zum Islam. Einerseits wenden sie sich vehement gegen jegliche Moscheen und damit gegen das Grundrecht auf Religionsfreiheit. Andererseits loben Rechtsextremisten den Islam (den sie mit Islamismus gleichsetzen), weil er Integration verhindere, wie sie meinen – Integration gilt unter Rechtsextremisten als Unterwanderung. Islamismus und Rechtsextremismus teilen sogar mehrere Ideologiefragmente: Antisemitismus, Antiamerikanismus, Antikapitalismus und NS-Apologetik bzw. -Negationismus.

Inzwischen unterscheiden allerdings auch Teile der breiteren Öffentlichkeit unzureichend zwischen Islam und Islamismus, ohne deshalb immer islamfeindlich zu sein. Mitunter verschwimmen klare Unterschiede. Mancherorts kursieren einseitige und undifferenzierte Auffassungen über „den Islam“ – gerade seit den Terroranschlägen vom 11. September 2001, dem auch Muslime zum Opfer fielen. Muslime gelten bei einem Teil der Bevölkerung primär und pauschal als Bedrohung. Teile der Bevölkerung zweifeln sogar grundsätzlich an der Möglichkeit, friedlich in einer Gesellschaft mit Muslimen religiösen Pluralismus zu leben. Das sagt wenigstens eine Studie des Allensbacher Instituts für Demoskopie (2006), wonach die Befragten den Begriff „Islam“ mit Fundamentalismus und Gewalt gleichsetzen. Rund 60 Prozent meinen, Islam und Demokratie vertrügen sich nicht.

Aus solchen Einstellungen resultiert mitunter auch ein verändertes Verhalten gegenüber Muslimen. Zumindest klagen Muslime verstärkt über Ausgrenzungen und pauschale Ablehnung. Sie leiden unter subtiler oder offener Diskriminierung – beides verstärkt seit dem 11. September. Obwohl gerade Muslime zu den Opfern des Islamismus gehören, fühlen sich viele Muslime zunehmend einem pauschalen Verdacht ausgesetzt. Auf der einen Seite also eine pauschale Ablehnung des Islam, auf der anderen Seite ein Gefühl der Nichtzugehörigkeit unter Muslimen, die verstärkt auf diffuse Ängste stoßen. Umso wichtiger bleiben noch stärkere Aufklärung, Aufklärung, Aufklärung.

Denn vielfach basieren Skepsis gegenüber Muslimen oder Ablehnung von Muslimen auf kursierenden Klischees, die mit der Wirklichkeit wenig bis gar nichts zu tun haben – bereits Albert Einstein warnte: „Es ist leichter, ein Atom zu spalten als ein Vorurteil“. Tatsächlich beteiligt sich – entgegen vielen Annahmen oder Behauptungen – die große Mehrzahl der Schüler und Schülerinnen aus muslimisch geprägten Ländern (darunter irakische Christen) sowohl am Schwimmunterricht als auch an Klassenfahrten, wie Sonja Haug,

Mitarbeiterin im Bundesamt für Migration und Flüchtlinge, hervorhebt. Nur eine kleine Minderheit (unter 10 %) entzieht sich dem Schwimmunterricht und/oder Klassenfahrten. Doch immer wieder firmieren Ausnahmen als Regel und umgekehrt. Ein Irrtum ist auch die Annahme, Migranten aus muslimischen Herkunftsländern stützten sich vor allem auf staatliche Transferleistungen. Tatsache ist: 80 Prozent von ihnen beziehen entweder Lohn oder sind selbstständig.

Viele Muslime sind in diesem Sinne auch gesellschaftlich besser integriert als manches Vorurteil unterstellt. So sind mehr als die Hälfte der Muslime Mitglied in einem deutschen Verein oder Verband. Nur ein Prozent aller muslimischen Herkunftsgruppen pflegt keine näheren Alltagskontakte zu Deutschen und äußert auch keinen solchen Kontaktwunsch. Es ist deshalb überaus unzureichend, „den" Islam in seiner Vielgestaltigkeit auf sogenannte „Ehrenmorde" und „Zwangsheiraten" zu reduzieren, die natürlich ebenso unmissverständlich zu verurteilen sind wie Islamismus.

Kurz:
- Das Recht auf Religionsfreiheit gilt selbst auch für Muslime.
- Die übergroße Mehrheit lebt ihren Glauben friedlich.
- Sie lebt genauso gesetzestreu wie die übergroße Mehrheit der Nichtmuslime.
- Die große Mehrzahl der Opfer des Islamismus sind Muslime.
- Nur 1 % der Muslime propagiert bzw. praktiziert Gewalt.
- Viele Muslime bemühen sich um Integration.
- Nur eine Minderheit verweigert sich dem.
- Ähnlich wie die Mehrheit der Nichtmuslime ist die Mehrheit der Muslime weder Dämon noch Heros.

## 7.3 „Arbeit für Deutsche"

Rechtsextreme Rhetorik warnt vor Menschen mit Zuwanderungsgeschichte als Gefahr für den Arbeitsmarkt. Tatsache ist: Rechtlich sind Inländer und EU-Bürger bei Bewerbungen für die gleiche Stelle einem Ausländer vorzuziehen. Tatsache ist auch: Bewerber mit ausländisch klingenden Namen erhalten, wie wissenschaftliche Tests ergeben haben, bei identischen Qualifikationen viel seltener Einladungen zu Bewerbungsgesprächen als Bewerber mit deutsch klingenden Namen. Das gilt es zu berücksichtigen in Diskussionen über die höhere Arbeitslosenquote von Menschen mit Zuwanderungsgeschichte.

Faktisch konkurriert ein Großteil der Ausländer keinesfalls mit deutschen Arbeitskräften und umgekehrt. Vielmehr braucht der Arbeitsmarkt dringend immer wieder sowohl ausländische Fachkräfte als auch Geringqualifizierte. Trotz Finanz- und Exportkrise gibt es in Deutschland derzeit immer noch über 300.000 offene Stellen, wobei die Bundesagentur für Arbeit davon ausgeht, nur knapp die Hälfte der offenen Stellen zu kennen. In den letzten Jahren bremste der Facharbeitermangel in einigen Branchen sowohl Wachstum als auch Beschäftigung. Längst gibt es zwischen den Industrieländern einen globalen Wettbewerb um Fachkräfte. Wie stünde es um bundesdeutsche Universitäten ohne Wissenschaftler aus aller Welt? Deshalb ist es eine Herausforderung, wenn die Zuwanderung schrumpft, die Abwanderung steigt und der Fachkräftemangel wächst. Denn das Qualifikationsniveau der meisten Abwanderer mit und ohne Zuwanderungsgeschichte übersteigt signifikant das durchschnittliche Qualifikationsniveau der Gesamtbevölkerung in Deutschland. Hinzu kommt: 2009 leben erstmals mehr über 60-jährige Menschen in Deutschland als unter 20-jährige; die Friedhöfe verzeichnen mehr Zulauf als die Kreißsäle. Weil die Geburtenraten sinken bzw. stagnieren und die Lebenserwartung steigt, wächst das Durchschnittsalter.

Seit 2003 sind, mit wachsender Tendenz, tatsächlich fast 180.000 Fachkräfte in andere Industriestaaten ausgewandert – dabei sind Deutsche, die aus dem Ausland zurückkehrten, schon rausgerechnet. Besonders betroffen sind gerade auch Mediziner. So haben 2008 genau 3065 vorwiegend in Deutschland ausgebildete Ärzte das Land verlassen. Insgesamt praktizieren derzeit rund 19.000 deutsche Ärzte im Ausland. Gleichzeitig wächst gerade in den jungen Bundesländern drastisch der Ärztemangel. Dem Fiskus entgehen durch die Fortzüge Milliarden: Die steuerlichen Folgekosten dessen liegen pro Arzt bei einer Million Euro – Berechnungen zeigen, wie viel Geld dem Staat insgesamt entgeht, wenn ein Mediziner das Land verlässt und nicht wieder zurückkehrt.

Wenn nur ein Drittel der Ärzte im Ausland bleibt, verlöre der deutsche Staat pro Jahr knapp 1,1 Milliarden Euro – ohne Berücksichtigung der Ausbildungskosten. Zuwanderung von Hochqualifizierten kann einen solchen Fachkräftemangel kompensieren. Durch die EU-Osterweiterung gewinnt Deutschland ein zusätzliches Arbeitskräftepotenzial von mehr als 100 Millionen EU-Bürgern, die als solche in Deutschland im Kern keine Ausländer sind. Zugleich gibt es in Deutschland „stille Reserven“: Ältere, Frauen, jüngere Menschen, die gern Vollzeit arbeiten würden und vor allem auch bereits hier lebende Menschen mit Zuwanderungsgeschichte, das heißt Menschen, die selbst oder deren Großeltern oder Eltern nicht (alle) aus Deutschland stammen.

Kurz:

- Gut ausgebildete Migranten arbeiten bislang oft in den Branchen, die händeringend gut ausgebildete Leute suchen.
- Schlecht ausgebildete Migranten arbeiten üblicherweise dort, wo zu wenige Deutsche arbeiten wollen, weil die Arbeit schmutzig, körperlich schwer oder gar gefährlich ist samt besonders belastenden Arbeitszeiten und geringen Löhnen.
- Ohne ausländische Erntehelfer zum Beispiel würden deutsches Obst und Gemüse auf deutschen Feldern verfaulen.
- Ohne ausländische Reinigungskräfte häuften und türmten sich Müllhaufen in den Städten.
- Ohne ausländische Bus- und Straßenbahnfahrer bliebe oft nur, zu Fuß zu gehen.
- Deutschland ist auf Zuwanderung vor allem von Qualifizierten angewiesen, gerade auch aus demografischen Gründen.

## 7.4 „Ausländer gegen deutsche Wirtschaft“

Rechtsextreme Rhetorik warnt, Menschen mit Zuwanderungsgeschichte ruinierten die heimische Wirtschaft. Tatsache ist: In Deutschland leben derzeit rund 15 Millionen Menschen mit Zuwanderungsgeschichte, das sind rund 20 % bzw. ein Fünftel der Bevölkerung, darunter rund neun Millionen Neudeutsche. Einerseits gibt es unter Menschen mit Zuwanderungsgeschichte überdurchschnittlich viele Geringqualifizierte (nur eine Ausnahme von dieser Regel: Die hohe Quote an gut qualifizierten Menschen, die bzw. deren Familien bzw. Teile davon aus Vietnam stammen), Geringverdiener, Arbeitslose und Empfänger von Sozialleistungen, deren Integration in den Arbeitsmarkt zu den zentralen Aufgaben von Politik, Wirtschaft und Gewerkschaften gehört.

Andererseits sinkt inzwischen die Schulabbrecherquote unter Jugendlichen mit Zuwanderungsgeschichte und steigt die Zahl der Kinder mit Zuwanderungsgeschichte, die einen Kindergarten besuchen und frühzeitig Deutsch lernen – neben gemeinsamen demokratischen Grundwerten gehören Grundkenntnisse des Deutschen zu den zentralen Voraussetzungen für Integration. Deutlich häufiger als ihre Großeltern und Eltern verlassen Angehörige der zweiten und dritten Generation heute das deutsche Schulsystem mit einem Schulabschluss – gute Beispiele für einen Bildungsaufstieg.

Insgesamt ist das Bildungsniveau der Migranten türkischer Herkunft nach wie vor unterdurchschnittlich: Gut ein Viertel ohne Schulabschluss, mehr als die Hälfte ohne Ausbildung, wobei hierbei die Generation der „Gastarbeiter“ mitgezählt ist, die längst das Rentenalter erreicht hat, wie Klaus Bade betont. Die „Gastarbeiter“ stammten überproportional aus bildungsfernen Schichten; damals lautete ein zentrales Anwerbekriterium: Die Angeworbenen mussten gering qualifiziert sein; ihre Kinder landeten oft allein deshalb in Sonderschulen, weil sie schlecht oder kein Deutsch sprachen; ein eklatantes Beispiel für Talentvergeudung.

Gerade wer heute, in Zeiten rasanter Globalisierung, aus Chancen Erfolge machen will, muss Potenziale bestmöglich ausschöpfen. Von den „Gastarbeitern", inzwischen meist Rentner, haben, wenig überraschend, sogar zwei Drittel keinen Schulabschluss. Doch bei den unter 30-Jährigen gilt das nur noch für 6%. 17% der unter 30-Jährigen Einwanderer türkischer Herkunft haben mittlerweile schon das deutsche Abitur. Das heißt: Es gibt hierbei zwar nach wie vor einen deutlichen Abstand zur deutschen Bevölkerung ohne Zuwanderungsgeschichte. Zugleich zu beobachten ist aber ein größerer und wachsender Abstand zur Generation der Eltern oder Großeltern.

Hinzu kommt: Inzwischen engagieren sich zahlreiche Migranten und ihre Nachfahren als Betriebsinhaber. So agieren in Deutschland über 600.000 Klein- und Mittelbetriebe, die Menschen mit Zuwanderungsgeschichte gehören und betreiben, darunter besonders viele Familienbetriebe, die besonders flexibel arbeiten (können). Diese Betriebe geben Arbeit, zahlen Steuern, entrichten Sozialbeiträge und beteiligen sich an der Ausbildung junger Menschen. Im langfristigen Vergleich steigt die Zahl der selbstständigen Ausländer.

Ohne sie wären Wachstum und Beschäftigung niedriger in Deutschland – Migranten hatten bereits einen wichtigen Anteil am „Wirtschaftswunder". Mehr noch: Unternehmer und Mitarbeiter mit Zuwanderungsgeschichte können aufgrund ihrer Sprachkenntnisse und interkulturellen Kompetenzen dem Exportweltmeister Deutschland in besonderer Weise helfen, neue Märkte im Ausland zu erschließen und neue Kooperationspartner zu gewinnen. Doch statt die differenzierte Wirklichkeit wahrzunehmen, leidet rechtsextreme Propaganda erheblich unter Realitätsferne oder gar politischem Autismus.

Kurz:

- Die Integration von Zuwanderern und ihren Nachkommen in den Arbeitsmarkt gehört zu den zentralen Aufgaben von Politik, Wirtschaft und Gewerkschaften.

- Die Qualifikationen der nachwachsenden Generationen steigen: 17 % der unter 30-jährigen Einwanderer türkischer Herkunft haben mittlerweile das deutsche Abitur.
- Inzwischen engagieren sich zahlreiche Migranten und ihre Nachkommen als Betriebsinhaber.

## 7.5 „Überfremdung"

Rechtsextreme Rhetorik warnt vor einer gesellschaftlichen „Überfremdung", weil sie Integration ablehnt. Tatsache ist: Die übergroße Mehrheit der Menschen mit Zuwanderungsgeschichte bereichert das gesellschaftliche Leben in Deutschland – materiell und immateriell. Durch einen Großteil der Menschen mit Zuwanderungsgeschichte lässt sich unter anderem Respekt vor Religion, Familiensinn, Kinderfreundlichkeit und Gastfreundschaft (wieder) entdecken oder festigen. Um wie viel ärmer wäre Deutschland zum Beispiel ohne afrikanische Nonnen, türkische Kioskbetreiber und Intellektuelle, brasilianische Fußballspieler, italienische Pizzabäcker und Eisdielenbesitzer, portugiesische Sprachlehrer, japanische Opernsänger, kroatische Krankenschwestern, polnische Ärztinnen und ägyptische Altenpflegerinnen u. v. m.?

Der Schriftsteller Carl Zuckmayer bemerkte schon in „Des Teufels General" (durch General Harras) über die über 2000-jährige Integrationskraft des Rheines, den er „Völkermühle" nannte:

> „Da war ein römischer Feldhauptmann, ein schwarzer Kerl, braun wie ne reife Olive, der hat einem blonden Mädchen Latein beigebracht. Und dann kam ein jüdischer Gewürzhändler in die Familie, das war ein ernster Mensch, der ist noch vor der Heirat Christ geworden und hat die katholische Haustradition begründet. Und dann kam ein griechischer Arzt dazu, oder ein keltischer Legionär, ein Graubündner Landsknecht, ein schwedischer Reiter, ein Soldat Napoleons, ein desertierter Kosak, ein Schwarzwälder Flözer, ein wandernder Müllerbursch vom Elsass, ein dicker Schiffer aus Holland, ein Magyar, ein Pandur, ein Offizier aus Wien, ein französischer Schauspieler, ein böhmischer Musikant – das

> hat alles am Rhein gelebt, gerauft, gesoffen und gesungen und Kinder gezeugt – und – und der Goethe, der kam aus demselben Topf, und der Beethoven und der Gutenberg, und der Matthias Grünewald und – ach was, schau im Lexikon nach. Es waren die Besten, mein Lieber! Die Besten der Welt! Und warum? Weil sich die Völker dort vermischt haben. Vermischt – wie die Wasser aus Quellen und Bächen und Flüssen, damit sie zu einem großen, lebendigen Strom zusammen rinnen."

Um Integration zu fördern und zu fordern, müssen zum Beispiel alle Kinder in Deutschland einen Kindergarten besuchen und frühzeitig Deutsch lernen; ebenso braucht es mehr Erzieher, Lehrer, Polizeibeamte und Journalisten mit Zuwanderungsgeschichte – vor allem als Vorbilder für gelungene Integration unter dem Motto: Mit Tatkraft und Talent, mit Transpiration und Inspiration kann grundsätzlich jeder in der bundesdeutschen Gesellschaft aufsteigen. Die Bewohnerinnen und Bewohner der Bundesrepublik müssen stärker zu ihren Bürgerinnen und Bürgern mutieren, die auf der Basis gemeinsamer Grundwerte eine demokratische Einheit in Vielfalt leben; Grundwerte wie Anerkennung der Gleichwertigkeit aller Menschen, Ächtung von jeglichen Diktaturen und von jeglichem Extremismus, Empathie für Israel und das Judentum nach der „Hitlerei". Um eine solche Einheit in Vielfalt zu leben, muss eine freiheitliche Gesellschaft sowohl über Erfordernisse, Erfolge und Chancen als auch Herausforderungen, Probleme und Defizite von Integration diskutieren. Denn nicht im Neben- oder gar Gegeneinander lässt sich Integration meistern, sondern nur im Miteinander – Integration ist keine Einbahn-, sondern eine Zweibahnstraße.

Wer sich integrieren will, verdient Unterstützung; wer sich der Integration verweigert, muss konsequente Gegenwehr spüren. Genau so wenig wie deutsche Extremisten und Kriminelle verdienen ihre ausländischen Gesinnungsgenossen und Komplizen „Artenschutz". Das gilt für serienmäßige Steuerhinterzieher und Sozialbetrüger, aber gerade auch für „Hassprediger", Schwerkriminelle und/oder Intensivtäter (Mörder, Totschläger, Kinderschänder, Vergewaltiger etc.), die das Klima für Integration belasten – in letzter Konsequenz ist in solchen Fällen eine Abschiebung zu erwägen. Doch Rechtsextremisten verweigern sich – aus mangelndem Können bzw. Wollen – genau einer solchen differenzierten Debatte über Erfordernisse, Erfolge, Chancen, Herausforderungen, Probleme und Defizite von Integration. Sie hetzen stattdessen, darin liegt der Kern, gegen alle Migranten samt ihren Sprösslingen. Sie versuchen, alle Menschen mit Zuwanderungsgeschichte pauschal zu verunglimpfen. Das gehört in Auseinandersetzungen verdeutlicht.

Kurz:
- Die übergroße Mehrheit der Menschen mit Zuwanderungsgeschichte bemüht sich um Integration.
- Viele Migranten und ihre Nachkommen bereichern das gesellschaftliche Leben in Deutschland – materiell und immateriell.
- Nur eine Minderheit erschwert Integration.

## 7.6 „Weg mit Hartz IV“

Rechtsextreme Rhetorik geriert sich mittlerweile als sozial und wettert gegen Hartz IV. Sicherlich ist es nicht vergnügungssteuerpflichtig, Hartz IV zu beziehen, das heißt zum Beispiel, als vierköpfige Familie pro Monat von 1.700 Euro zu leben. Doch rein fiskalisch betrachtet ist Hartz IV das „größte Sozialaufbauprogramm in der Geschichte der Bundesrepublik“ (Peer Steinbrück) mit einem zweistelligen Milliardenzuwachs gegenüber dem Status quo ante (Ein Grund dafür: zuvor waren Sozialhilfebezieher nicht rentenversichert). Das heißt, Hartz IV kostet pro Jahr 12 Milliarden Euro mehr als Arbeitslosen- und Sozialhilfe zusammen jemals pro Jahr gekostet haben (insgesamt jährlich über 40 Milliarden Euro für knapp 7 Millionen Empfänger), obwohl die Arbeitslosigkeit zumindest 2008 deutlich niedriger lag als früher. Das ist die Realität; alles andere sind Legenden.

Entgegen grassierenden Gerüchten zählt zu Hartz IV sowohl – unter Anrechnung von Kindergeld – der Regelsatz (derzeit über 350 Euro pro Erwachsenen/Monat; für Kinder liegt er niedriger) als auch Kostenerstattung für eine angemessene Unterkunft und für Heizung.

Zur Sozialen Marktwirtschaft gehört das Prinzip, nur denen zu helfen, die sich nicht selbst helfen können – wer Hilfe braucht, muss sie erhalten; wer keine Hilfe braucht, darf keine beanspruchen und bekommen. Für Leistungsfähige muss deshalb gelten: Keine Leistung ohne Gegenleistung. Denn Solidarität ist keine Einbahnstrasse.

In der Praxis hilft Hartz IV dort, wo es geeignete Stellen und Bewerber gibt, arbeitsfähige Arbeitslose zu aktivieren (statt sie nur zu versorgen) und ihnen zumindest Brücken in auskömmliche Beschäftigung zu bauen – durch Aufstockung von Niedriglöhnen. Doch bis heute sind die Unterschiede zwischen Hartz IV und Niedriglöhnen (gerade auch Lehrlingsgehältern) oft gering – hinzu kommen bei Beschäftigten normalerweise noch Fahrtkosten. Umso wichtiger ist die Frage, ob „Sozialhilfekarrieren“ über Generationen wirklich sozial gerecht sind?

Um Härten von Hartz-IV zu mildern, gibt es mittlerweile in der politischen Landschaft einen breiten Konsens:

- Erstens die Zuverdienstgrenzen zu erhöhen,
- zweitens das sogenannte Schonvermögen zu verdreifachen, weil sich Leistung und persönliche Vorsorge wieder stärker lohnen sollen, gerade auch für Hartz-IV-Empfänger, die zuvor jahrelang gearbeitet und Rücklagen gebildet haben.
- Drittens sollen Personen, die lange Jahre in die Arbeitslosenversicherung eingezahlt haben, künftig nicht schon nach einem Jahr auf Hartz IV zurückfallen.
- Viertens sollen die Hartz-IV-Sätze für Kinder steigen.
- Fünftens sollen Alleinerziehende bei der Kinderbetreuung mehr Unterstützung bekommen, damit sie überhaupt eine Arbeit aufnehmen können.

Kurz:

- Hartz-IV enthält Härten.
- Hartz-IV hilft, Menschen zu aktivieren.
- Es gibt inzwischen einen breiten Konsens, Härten von Hartz-IV abzubauen.

## 7.7 „Sozialabbau"

Regelmäßig kritisieren Rechtsextremisten seit einiger Zeit auch den „Sozialabbau". Tatsächlich gibt es gegenwärtig in Deutschland zwar große soziale Probleme – vor allem Kinderarmut, Bildungsdefizite, Niedriglöhne und Arbeitslosigkeit. Doch das ist nur ein Teil der Realität. Zugleich fließen fast drei Viertel der Staatsausgaben in soziale Kassen. Mehr noch: Zumindest 2008 gab es die höchste Beschäftigungsquote in der deutschen Geschichte – rund 40 Millionen, davon weit überwiegend sozialversicherungspflichtige Vollzeit-Stellen. Die offizielle Arbeitslosigkeit lag 2008 immerhin erstmals seit langer Zeit unter 3 Millionen bzw. bei bundesweit rund 7 %.

Auch wenn die internationale Finanz- und Exportkrise einen starken Anstieg der Arbeitslosigkeit verursachen könnte, nicht zuletzt für die Exportnation Deutschland: In den letzten Jahren ist die Arbeitslosigkeit erheblich gesunken, ebenso die Jugendarbeitslosigkeit – nie registrierten die Behörden mehr Lehrstellen als 2008. In weiten Teilen Süddeutschlands existierte 2008 so gut wie Vollbeschäftigung. Nach wie vor fehlen vielerorts Geringqualifizierte, aber auch Fachkräfte, zum Beispiel Ingenieure, Lehrer oder Ärzte, vor allem im Osten.

Rechtsextreme Agitation gegen strukturelle Rentenreformen übergeht ebenfalls Fakten. Denn gestiegen sind – im Zuge demografischer Veränderungen – Rentenlaufzeiten (das faktische Renteneintrittsalter liegt durchschnittlich bis heute bei 62 Jahren), Rentnerzahlen, Rentenbeiträge und Steuermittel für die Rentenkassen – der höchste Posten im Bundeshaushalt (Platz 1) vor dem Schuldendienst (Platz 2). Von 1960 bis heute ist die durchschnittliche Rentenbezugsdauer um 70 % angestiegen – von damals 10 Jahren auf heute 17 Jahre; während 1991 noch vier Erwerbsfähige für eine Rente aufkommen mussten, werden es 2030 noch zwei Erwerbsfähige sein.

Bis 2030 wächst die Zahl der über 65-Jährigen voraussichtlich um mehr als 6 Millionen auf dann etwa 22 Millionen. Verglichen mit dem Jahr 1960 leben 65-jährige Männer und Frauen heute rund

4 Jahre länger. Bis zum Jahr 2030 wird die Lebenserwartung wohl um weitere knapp 3 Jahre steigen. Weiterhin Anspruch auf einen abschlagsfreien Renteneintritt ab 65 haben Versicherte, die mindestens 45 Jahre Pflichtbeiträge eingezahlt haben – jeweils unter Anerkennung von Kindererziehungszeiten. Für Menschen, die aus gesundheitlichen Gründen außerstande sind, länger als heute zu arbeiten, gibt es Erwerbsminderungsrenten. Ohne eine strukturelle Rentenreform würden Schulden, Steuern und Sozialabgaben explodieren.

Kurz:

- Derzeit fließen fast drei Viertel der Staatsausgaben in soziale Kassen.
- 2008 gab es die höchste Beschäftigungsquote in der deutschen Geschichte – rund 40 Millionen, davon weit überwiegend sozialversicherungspflichtige Vollzeit-Stellen.
- Die offizielle Arbeitslosigkeit lag 2008 erstmals seit langer Zeit unter 3 Millionen bzw. bei bundesweit rund 7 %.
- Nie registrierten die Behörden mehr Lehrstellen als 2008.
- Nach wie vor fehlen vielenorts Geringqualifizierte, aber auch Fachkräfte.
- Strukturelle Rentenreformen sind aus demografischen Gründen realistischerweise unumgänglich.

## 7.8 „Unsoziale Marktwirtschaft"

Regelmäßig bemängeln Rechtsextremisten mittlerweile eine angebliche Umverteilung von unten nach oben. Doch die 10 % der Bestverdiener entrichten faktisch über 50 % des Einkommensteueraufkommens – die wichtigste Einnahmequelle des Bundes. Dagegen beteiligt sich die untere Hälfte nur mit 7,5 % am Aufkommen der Einkommensteuer. Geringverdiener profitieren vom steuerfreien Existenzminimum. Die Staatsquote tendiert gegen 50 % – beinahe die Hälfte dessen, was die Bevölkerung offiziell erwirtschaftet, unterliegt der staatlichen Umverteilung. Das Bundesverfassungsgericht warnt bereits, eine faktische Belastung privater Einkommen und

Vermögen über 50 % missachte das „Übermaßverbot". Die Soziale Marktwirtschaft kennzeichnet eher eine starke Umverteilung von oben nach unten als umgekehrt. Davon wollen neuerdings auch Rechtsextremisten verstärkt ablenken.

Um ihre expansive Ausgabenpolitik bzw. ihre verantwortungslose „Nach-mir-die-Sintflut"-Politik zu finanzieren, müssten Rechtsextremisten realistischerweise sowohl Steuern und Sozialbeiträge erhöhen als auch die Schulden. Doch noch höhere Staatsschulden aufzuhäufen, erhöhte die Ausgaben für den Schuldendienst und machte damit vor allem Banken und Reiche noch reicher, bei denen sich der Staat Geld leihen muss. Je höher der Schuldendienst, desto weniger Geld bleibt für wirklich Bedürftige und für Investitionen in Innovation, Bildung und Zukunft – gerechtere Bildungschancen für alle bieten erfahrungsgemäß die beste Vorsorge gegen Arbeitslosigkeit und sozialen Abstieg; je mehr Leistungsträger und je weniger Leistungsnehmer, desto besser für die Steuer- und Sozialkassen.

Noch höhere Steuern und Sozialbeiträge wären ebenfalls unsozial. Denn sie träfen gerade Normalverdiener – in der Einkommensteuer tragen eben die 10 % der Bestverdiener schon heute über 50 % des Aufkommens. Hier lässt sich kaum draufsatteln. Um ihre explodierenden Ausgaben zu finanzieren, müssten Rechtsextremisten deshalb vor allem Sozialbeiträge und die ebenfalls aufkommensstarke Mehrwertsteuer drastisch erhöhen. Damit träfen sie vor allem Normalverdiener, die den Großteil ihres Einkommens für Konsum ausgeben (müssen).

Wenn Rechtsextremisten könnten, wie sie wollen, würden zentrale Probleme per saldo gravierender statt geringer. Denn Investoren, die in Deutschland Arbeitsplätze schaffen (wollen), verfügen durch die beschleunigte Globalisierung über mindestens vier Mittel gegen verschlechterte Bedingungen: Investitionsverweigerung (Unternehmer mutieren zu Unterlassern), Auswanderung, Schwarzarbeit oder Ersatz von Menschen durch Maschinen.

Kurz:
- Die 10 % der Bestverdiener entrichten faktisch über 50 % des Einkommensteueraufkommens
- Die untere Hälfte beteiligt sich daran mit 7,5 %.
- Geringverdiener profitieren vom steuerfreien Existenzminimum.
- Die Staatsquote tendiert gegen 50 % – beinahe die Hälfte dessen, was die Bevölkerung offiziell erwirtschaftet, unterliegt der staatlichen Umverteilung.
- Es gibt eher eine Umverteilung von oben nach unten als umgekehrt.

## 7.9 „Ausländerkriminalität"

Immer wieder wenden sich Rechtsextremisten gegen „kriminelle Ausländer", um einen Generalverdacht gegen alle Ausländer zu schüren. Auch wenn der Ausländeranteil unter Tatverdächtigen weit über dem Durchschnitt liegt: Unter allen Ausländern ist jene Bevölkerungsgruppe weit überrepräsentiert, die auch unter Deutschen einen überproportionalen Anteil an Tatverdächtigen beisteuert – junge, schlecht ausgebildete Männer, die in Städten leben.

Unter gut integrierten Ausländern gibt es hingegen genauso viele bzw. wenige Tatverdächtige wie unter alteingesessenen Deutschen. Insofern ist die Parole von „den kriminellen Ausländern" meilenweit entfernt von der differenzierten Realität. Kriminalität von Deutschen und Nichtdeutschen ist primär ein soziales, weniger ein kulturelles und überhaupt kein genetisches Problem – entgegen rechtsextremer Demagogie. Umso wichtiger ist es, sowohl schlecht integrierte Deutsche als auch schlecht integrierte Ausländer zu integrieren – vor allem durch Bildung und Qualifizierung.

Kurz:
- Unter allen Ausländern ist jene Bevölkerungsgruppe weit überrepräsentiert, die auch unter Deutschen einen überproportionalen Anteil an Tatverdächtigen beisteuert – junge, schlecht ausgebildete Männer, die in Städten leben.

- Unter gut integrierten Ausländern gibt es genauso viele bzw. wenige Tatverdächtige wie unter alteingesessenen Deutschen.

## 7.10 Auslandseinsätze der Bundeswehr

Immer wieder wettern Rechtsextremisten gegen Auslandseinsätze der Bundeswehr, um sich als pazifistisch zu präsentieren. Doch die Auslandseinsätze der Bundeswehr, legitimiert durch das oberste Verfassungsorgan, den Deutschen Bundestag, sollen helfen, schwerste Menschenrechtsverletzungen zu verhindern bzw. zu stoppen wie in den 1990er-Jahren in Bosnien oder derzeit in Afghanistan. Denn allein mit diplomatischen oder ökonomischen, aber ohne militärische Mittel ist es erfahrungsgemäß schwer oder unmöglich, Unrechtsregime von der Macht zu vertreiben; also Regime, die Terrorcamps dulden oder fördern und massenhafte Menschenrechtsverletzungen verantworten.

Vor allem der Massenmörder Hitler, der anfangs gerade auch von der Lethargie westlicher Regierungen profitierte, ließ sich letztlich nur durch militärische Macht stürzen – es gibt gerechte Kriege. Militärische Macht kann schlimmeres Leid verhindern. Ohne militärische Absicherung wäre es viel schwerer oder gar unmöglich, zum Beispiel in Afghanistan Elemente von Rechtsstaatlichkeit zu etablieren, um universelle Menschenrechte besser zu schützen. Der komplizierte Aufbau einer Zivilgesellschaft würde unterminiert; das Land drohte wieder stärker zum Hauptstützpunkt des gewalttätigen Islamismus zu mutieren, der auch Deutschland stärker bedrohte. Die Bundeswehr verteidigt insofern in Afghanistan auch Deutschlands Sicherheit. Dabei bemüht sie sich, unschuldige Opfer zu verhindern.

Kurz:
- Die Auslandseinsätze der Bundeswehr sollen helfen, schwerste Menschenrechtsverletzungen zu verhindern bzw. zu stoppen.
- Ohne militärische Absicherung wäre es viel schwerer oder gar unmöglich, in Afghanistan Elemente von Rechtsstaatlichkeit zu etablieren.

- Der komplizierte Aufbau einer Zivilgesellschaft würde unterminiert.
- Afghanistan drohte wieder stärker zum Hauptstützpunkt des gewalttätigen Islamismus zu mutieren, der auch Deutschland stärker bedrohte.
- Militärische Macht kann schlimmeres Leid verhindern.

## 7.11 Distanz zu Europa

Rechtsextreme Rhetorik kritisiert die europäische Integration. Doch wie wichtig und notwendig die europäische Integration ist, zeigt sich derzeit besonders deutlich. Denn kein europäisches Land ist imstande, die globale Krise im Alleingang zu lindern oder gar zu lösen. Speziell der Euro erweist sich in der weltweiten Finanz- und Wirtschaftskrise als großer Glücksfall für die Länder der Euro-Zone. Ohne den Euro hätte die Krise schnell zur Währungskrise mutieren können – mit fatalen Folgen für die Exportwirtschaft in Deutschland. Gerade jetzt beweisen die Unabhängigkeit der Europäischen Zentralbank und ihre Orientierung an Geldwertstabilität ihren Wert. Es zeigt sich, wie wichtig der gemeinsame Markt mit gemeinsamer Währung ist für Wohlstand und Stabilität in Europa und Deutschland.

Ohne den Euro wäre vieles schwieriger. Zu den Vorteilen des Euro gehört die Chance, in weiten Teilen der EU problemlos mit einer gemeinsamen Währung zu zahlen. An der Grenze zu 15 EU-Staaten muss niemand mehr Geld tauschen. Mit dem Euro entfallen Wechselgebühren und Wechselkursschwankungen. Das komplikationslose Reisen ist nur ein Pluspunkt der gemeinsamen Währung. Der Euro erleichtert europaweite Preisvergleiche. Ohne die EU gäbe es keine gemeinsame, stabile Währung für zwei Drittel aller EU-Bürger.

Die europäische Integration leistet vor allem einen großen Beitrag, den Frieden auf dem Kontinent zu sichern. Denn durch die EU sind zwei epochale Ziele erreicht: die Versöhnung ehemaliger Kriegsgegner nach 1945 und die Wiedervereinigung des Kontinents in Freiheit nach 1989. Jetzt geht es vor allem um die Selbstbehauptung Europas in der

Welt. Eine Zahlenreihe verdeutlicht, worum es genau geht: 1950 betrug der Anteil des europäischen Kontinents an der Weltbevölkerung gut ein Fünftel (22 %). Heute ist es nur noch gut ein Zehntel (11 %).

Im Jahr 2050 werden wohl nur noch 6,5 % der Menschheit in Europa leben. Umso wichtiger ist die europäische Integration, umso wichtiger ist es, durch die europäische Integration Kräfte zu bündeln und stärker an einem Strang zu ziehen und auch in dieselbe Richtung. Kurz: Deutschland ist in Jahrzehnten hervorragend damit gefahren, nationale und europäische Interessen eben als keinen Gegensatz zu betrachten und zu behandeln – weder wirtschaftlich noch politisch. Deshalb hat Deutschland Souveränität freiwillig abgegeben und damit Vertrauen bei seinen Nachbarn gewonnen. Dadurch erst hat es neue Handlungsfreiräume gewonnen. Weniger ist mitunter mehr.

Wo stünde Deutschland hingegen heute ohne EU-Mitgliedschaft?

- Ohne EU wäre der Kampf gegen globalen Terrorismus und weltweite Kriminalität viel schwieriger.
- Ohne EU wäre es unmöglich, frei in 27 Länder zu reisen und in 17 Länder mit einer Währung zu bezahlen.
- Ohne EU würden nicht – wie heute – mehr als 50 % der deutschen Exporte in die EU gehen.
- Ohne EU wäre es schwieriger, den Wohlstand der größten Volkswirtschaft im Herzen Europas zu sichern.
- Ohne EU würde es schwieriger werden, Regeln für die Finanzmärkte festzulegen, um die Hybris von Teilen der Finanzbranche zu verhindern.
- Ohne EU wäre es schwerer, die deutsche Energieversorgung zu sichern und Umweltprobleme zu lösen, die normalerweise keinen Halt machen an Ländergrenzen.

Nun gewinnt die EU mit dem Lissabon-Vertrag sogar an Effizienz, unter anderem weil der Vertrag vorschreibt, das Einstimmigkeitsprinzip stärker durch die Mehrheitsregel zu ersetzen. Eine solche Vertiefung ist besonders wichtig, um die Handlungsfähigkeit der EU zu sichern, deren Mitgliederzahl durch Erweiterung steigt.

Kurz:
- Ohne seine EU-Mitgliedschaft wäre Deutschland als Nation schwächer.
- Deshalb schwächt Deutschland, wer das Land – wie Rechtsextremisten und andere – aus der EU lösen will, um es international zu isolieren.

## 7.12 Nähe zu Diktaturen

Gerade dann, wenn sie meinen, unter sich zu sein, versuchen Rechtsextremisten, insbesondere Hitlers Holocaust und seinen Angriffskrieg zu bestreiten, zu beschönigen, zu bagatellisieren oder gar zu bejubeln, obwohl es keinen begründeten und begründbaren Zweifel an beiden Jahrhundert-Verbrechen gibt: Hitler und seine Helfer haben den bisher schlimmsten Eroberungs-, Versklavungs- und Vernichtungsfeldzug der Menschheitsgeschichte begonnen und begangen. Weil heutige Rechtsextremisten versuchen, diese Verbrechen gegen die Menschlichkeit zu bestreiten, gibt es in Deutschland (und anderswo) das strafbewehrte Verbot, diese historischen Tatsachen offen zu leugnen.

Widerspricht ein solches Verbot nicht dem Grundrecht auf Meinungsfreiheit? Das Bundesverfassungsgericht hat diese Frage verneint. Seine Begründung: Dass Hitler und seine Helfer 6 Millionen europäische Juden ermordet haben, ist definitiv erwiesen. Diverse Augenzeugenberichte und Dokumente, gerichtliche Feststellungen in zahlreichen Strafverfahren und fundierte Erkenntnisse der seriösen Geschichtswissenschaft verbieten jeden vernünftigen Zweifel daran. Deshalb, so das Bundsverfassungsgericht, rangiert die faktenfreie Behauptung, es habe keinen Holocaust gegeben, außerhalb der geschützten Meinungsfreiheit.

Im Widerspruch dazu monieren Kritiker, in einer aufgeklärten Welt dürfe es keine Tabus geben. Doch Tabus, also das, was man weder tun noch sagen darf, gehören zu den Grundlagen der Kultur – und das nicht nur in jenen vormodernen Gemeinschaften, für die sich

Ethnologen interessieren, sondern auch in modernen Gesellschaften. Tabus sind nicht von vornherein irrational. Viele von ihnen dienen dem inneren Frieden einer Gesellschaft, wie Michael Mertes betont. Viele lassen sich vernünftig begründen. Das gilt allemal für die Ächtung der Lüge, es habe keinen Holocaust gegeben. Die Strafbarkeit der Leugnung des Holocaust gehört deshalb auch zum Verteidigungsarsenal der wehrhaften Demokratie.

Um von ihrer NS-Apologetik abzulenken, monieren Rechtsextremisten gelegentlich, Hitler habe die größte Niederlage Deutschlands verursacht, ohne damit seinen Angriffskrieg samt Massenverbrechen zu erwähnen oder gar zu verurteilen. Vor allem aus strafrechtlichen Gründen und weil sie sich selbst verharmlosen wollen, meidet ein Teil der Rechtsextremisten heute oft offene NS-Apologetik und offenen Antisemitismus. Um geläutert zu scheinen, beteuert er stattdessen gelegentlich, lediglich eine einseitige „Vergangenheitsbewältigung“ zu bekämpfen, die deutsche Opfer ausblendet (Bombenkrieg/Vertreibung).

Zwar gab es im Zweiten Weltkrieg und danach gewiss Verbrechen anderer Länder – die alliierten Bombenangriffe auf deutsche Städte verursachten viele Todesopfer unter der Zivilbevölkerung. Doch immerhin zielten die westalliierten Bombardements darauf, Hitlers Angriffskrieg schnellstmöglich zu beenden; das Kriegsende wiederum stoppte NS-Massenverbrechen an deutschen und ausländischen Zivilisten. Rechtsextremisten wollen offenkundig von solchen Zusammenhängen bzw. Zeitläufen ablenken, Kausalitäten verwischen, Unterschiede nivellieren und Hitlers Holocaust vertuschen.

Mit dem Ziel, von ihrer Ideologie abzulenken, verweisen Rechtsextremisten und andere gern auf den angeblich starken Einfluss von Altnazis in der frühen Bundesrepublik, um deren Legitimität zu untergraben und sich selbst zu rechtfertigen. Tatsächlich gab es damals ehemals „tiefbraune“ Nationalsozialisten in hohen Ämtern; Figuren normalerweise, die unter Hitler zumindest ideologisch fest waren, wenigstens anfangs. Doch in der jungen Bundesrepublik mussten sie sich als Demokraten bewähren. In der Regel versuchten sie sogar, 150%-Demokraten zu sein, gerade weil sie eine „tiefbraune" Vergangenheit hatten. Damit gelang es der bundesdeutschen Vergangenheitspolitik, einerseits die Bundesrepublik als Negation des Nationalsozialismus zu schaffen, andererseits aber ehemalige Täter, Belastete und Mitläufer zu integrieren.

Tatsächlich hätte eine vollständige Ächtung aller NSDAP-Mitglieder nach dem 8. Mai 1945 wohl wie ein Konjunkturprogramm für rechtsextreme Parteien fungieren können. Wesentlich ist heute der Unterschied, ob sich jemand nach einer Diktatur (erneut) für eine freiheitsfeindliche oder für eine demokratische Politik engagiert – sei es aus innerer Überzeugung oder Opportunismus. Es gehört zu den zentralen Aufgaben demokratischer Parteien, reuige Mitläufer oder Stützen einer Diktatur für die Demokratie zu gewinnen. Das heißt allerdings auch: Solche Leute dürfen niemals auch nur ansatzweise versuchen, demokratische Politik in eine extremistische Richtung zu lenken.

Zugleich gibt es bis heute Rechtsextremisten, die nationalsozialistische Traditionen pflegen: So begehen sie den Geburts- und Todestag von Hitler und von Rudolf Heß sowie den Jahrestag der „Machtergreifung" Hitlers. Kontinuierlich hetzen Rechtsextremisten gegen Juden und den Widerstand vom 20. Juli 1944; ebenso gegen die westalliierten Befreier. Ungeniert loben sie Hitlers Beschäftigungspolitik und verbreiten andere Legenden über das „Dritte Reich". Über die SED-Diktatur äußern sich Rechtsextremisten oft ambivalent: Einerseits nennen sie sowohl die SED-Diktatur als auch die Bundesrepublik einen „Vasallenstaat"; andererseits verklären und loben sie die SED-Diktatur, insbesondere ihre „sozialen Errungenschaften", ihre Israelfeindlichkeit und ihre Ausländerpolitik. Unter Rechtsextremisten firmiert die DDR im Vergleich zur „BRD" oft als das deutschere Deutschland – gerade wegen ihrer geringen Quote an Menschen mit Zuwanderungsgeschichte.

Das SED-Regime war, anders als auch Rechtsextremisten behaupten oder insinuieren, ebenfalls ein Unrechtsstaat und eine Diktatur.

Obwohl die SED keine sechs Millionen Juden ermorden ließ und keinen mörderischen Weltkrieg entfesselt hat: Bis 1989 hat auch sie unschuldige Menschen zersetzen, quälen, terrorisieren, foltern, töten und ermorden lassen. Ähnlich wie andere Diktaturen hat die SED massenhaft Menschenrechte verletzt. 1953 ließ die „Partei der Arbeiterklasse“ auf unschuldige Arbeiter schießen. Bis zuletzt hat die SED Wahlen gefälscht und missliebige DDR-Bürger verkauft – ein Gipfel des Materialismus. Insgesamt ist die SED verantwortlich für über 950 Tote an Mauer und Stacheldraht: Erschossene, ertrunkene und zerfetzte Ausreisewillige. Hinzu kommen rund 250.000 politische Gefangene in der SED-Diktatur (inklusive Isolationsfolter und anderer Arten von Psychoterror). Im weiteren Sinne gehören auch DDR-Normalbürger, die eher Untertanen waren, zu den Opfern der SED, die ihnen Lebenschancen raubte.

Wie unmenschlich die SED war, zeigt bereits der Schießbefehl (für Fälle von Fahnenflucht). Wörtlich heißt es in der „Lizenz zum Töten“: „Zögern Sie nicht mit der Anwendung der Schusswaffe, auch dann nicht, wenn die Grenzdurchbrüche mit Frauen und Kindern erfolgen, was sich die Verräter schon oft zunutze gemacht haben.“ Umso wichtiger bleibt es, immer wieder unter anderem an Chris Gueffroy, Jahrgang 1968, zu erinnern, den die Grenzer im Februar 1989 an der innerdeutschen Grenze erschossen, weil er von Deutschland nach Deutschland wollte. Er war nur einer von vielen DDR-Bürgern, die durch SED-Terror starben.

Ein anderes Beispiel von vielen für die Menschenverachtung der SED ist Gisela Mauritz mit ihrem Sohn. Die SED ließ die junge Chemnitzerin 1974 am Grenzübergang Marienborn verhaften. Grund: Gisela Mauritz wollte mit ihrem vierjährigen Sohn die DDR verlassen. Ein Gericht verurteilte sie daraufhin zu viereinhalb Jahren Haft, die sie im Zuchthaus Hoheneck verbüßen musste, eine der berüchtigsten Haftanstalten der DDR. Während ihrer Haftzeit adoptierte ein linientreues Ehepaar den Sohn von Gisela Mauritz – gegen deren Willen. Trotz aller Einschüchterungsversuche suchte Gisela Mauritz nach ihrer Entlassung erneut nach ihrem Kind.

Deswegen ließ die SED sie zum zweiten Mal verhaften und zu über zwei Jahren Haft verurteilen. Nach ihrer erneuten Entlassung verbot die SED ihr, die Hauptstadt der DDR zu betreten, wo ihr Sohn lebte. Erst fünf Jahre später, 1988, gelang es der Bundesregierung, Gisela Mauritz freizukaufen. Als Gisela Mauritz ihren Sohn Anfang 1989 mithilfe eines Fernsehmagazins wiederfand, hatte der inzwischen Achtzehnjährige keine Erinnerung mehr an seine Mutter. Mehr noch: Die 15-jährige Trennung hatte beide einander stark entfremdet. Was Gisela Mauritz und ihrem Sohn damit durch die SED widerfuhr, entsprach dem, was in der DDR „sozialistische Gesetzlichkeit" hieß.

Zur ganzen Wahrheit über die DDR gehört aber auch das, was der Deutsche Bundestag am 17. Juni 1994 mit großer Mehrheit feststellte: „*Die politisch-moralische Verurteilung der SED-Diktatur bedeutet keine Verurteilung der ihr unterworfenen Menschen, im Gegenteil. Die Deutschen in der SBZ/DDR haben den schwereren Teil der deutschen Nachkriegsgeschichte zu tragen gehabt.*" *Es gab „richtiges Leben im falschen System*". Deshalb wäre es unzureichend und unzulässig, Ostdeutschland zwischen 1949 und 1989 auf die SED-Diktatur zu reduzieren. Selbstverständlich gab es in der DDR viele hoch qualifizierte und motivierte Facharbeiter. Natürlich gab es unter oft widrigen Bedingungen viel engagierte Arbeit, viel Kreativität und viel Improvisationstalent; ebenso mutige Auflehnung, innere Emigration, privates Glück, schöne Familienfeste, lesenswerte Bücher und sehenswerte Theateraufführungen.

Gerade auch der besonders starke Zusammenhalt vieler Familien gegen staatliche Repression charakterisierte die DDR. Die große Mehrheit war weder Mitglied der SED noch kooperierte sie mit dem MfS; 95 % der DDR-Bürger engagierten sich nicht für das MfS; vier von fünf Erwachsenen waren nicht SED-Mitglied. Die SED profitierte insofern eher von Resignation statt Akzeptanz der Mehrheit. Einbrechern drohte, das ist klar, auch in der DDR zu Recht Bestrafung. Das alles ändert aber nichts am unverkennbaren Unrechtscharakter des SED-Regimes, das die Menschen in der DDR nie gewählt haben

– in freien Wahlen; vielmehr musste die Stasi („Schild und Schwert der Partei“) das SED-Regime mit mörderischen Methoden vor der Bevölkerung schützen. Umso höher ist Mut gegen ein totalitäres Regime einzuschätzen.

Insgesamt bleibt es bedeutsam, die DDR-Wirklichkeit differenziert zu behandeln – wer sie einseitig darstellt, hilft ihren Schönrednern, denen es meist weniger um die Lebensleistungen und „Biografien“ der DDR-Bürger geht, sondern eher darum, ein totalitäres System zu verteidigen, das Menschenrechte schwerwiegend verletzt hat. Umso wichtiger sind differenzierte Darstellungen der DDR, die es erschweren, den perfiden Eindruck zu erwecken, Kritik an ihr richte sich gegen die Lebensleistungen und „Biografien“ der DDR-Bürger. Denn anders als rechtsextreme und andere Kräfte glauben machen wollen, hielt die Mehrheit der Ostdeutschen größtmögliche Distanz zur Diktaturpartei – im Unterschied zu einer SED-nahen Minderheit. In Diskussionen über die DDR ist es deshalb wichtig, stärker zu unterscheiden zwischen dem verbrecherischen Regime, das die SED mithilfe der Stasi betrieb, und DDR-Normalbürgern, die schlicht versuchten, durchzukommen, ohne sich mitschuldig zu machen, so schwer das oft war.

Entgegen auch rechtsextremer Demagogie war die DDR ebenso wenig ein soziales Paradies. Zwar waren zum Beispiel die Mietpreise insgesamt deutlich niedriger als heute, aber deswegen auch die Wohnqualität – ganze historische Altstädte verfielen nach dem Motto: „Ruinen schaffen ohne Waffen“. Im Vergleich zu heute kennzeichnete eine meist deutlich schlechtere Versorgung von Kranken, Behinderten und Alten die DDR; ebenso eine niedrigere Lebenserwartung, höhere Suizidquoten, höhere Umweltbelastungen, ein geringerer Lebensstandard der meisten sowie jahrelange Wartezeiten etwa auf Wohnraum und Pkw. Rund 2 % der ostdeutschen Betriebe war weltweit wettbewerbsfähig. Die verdeckte Arbeitslosigkeit lag in der DDR bei 16 % – 40 Jahre SED-Diktatur samt Kommandowirtschaft sind bis heute der Hauptgrund, warum die Arbeitslosigkeit im Osten heute doppelt so hoch ist wie im Westen.

Die Sicherheit der Arbeitsplätze in der DDR kannte Grenzen: Wer sich mit der SED anlegte, gefährdete seinen Arbeitsplatz in DDR. Insofern war die DDR kein Arkadien für kleine Leute, sondern die übergroße Mehrheit lebte in einer Mangelgesellschaft – abgesehen von SED-Bonzen und ihren Vasallen. Die SED hat eine neue Klassengesellschaft etabliert, die bei der Zuteilung von Lebenschancen zwischen Systemnahen und Systemfernen unterschied. Medizinische Spitzenleistungen (oft aus dem Westen) gab es gemeinhin nur für SED-nahe Bürger. Wer Zugang zu knappen Güter erhalten wollte, brauchte üblicherweise vor allem gute Beziehungen – oft mangelte es an den einfachsten Gütern.

Die DDR hat 1990 kein Milliardenvermögen in die Wiedervereinigung eingebracht, wie mancher heute meint, sondern sie war pleite. Das verdeutlicht gerade auch der Bericht Gerhard Schürers vom Herbst 1989, der in der SED-Führung für Wirtschaft zuständig war. Nach seiner Analyse war die wirtschaftliche Lage der DDR desaströs. Um gegenzusteuern, plädierte er dafür, unwirtschaftliche Arbeitsplätze massenhaft abzubauen und viele Preise zu erhöhen. Die SED benötige, so Schürer, weitere Milliardenkredite (25 Milliarden DM) vom Klassenfeind, der Bundesrepublik. Andernfalls drohe DDR-Normalbürgern eine weitere Senkung des Lebensstandards. Heute ist erstaunlicherweise selten die Frage zu hören, ob in der Wirtschaftsgeschichte jemals eine Volkswirtschaft bankrott ging, ohne zu Massenarmut zu führen. Kurz: Die sozialen Leistungen, die es in der DDR gab, waren äußerst unsolide finanziert bis zum Staatsbankrott und zur Zahlungsunfähigkeit. Umso wichtiger ist Aufklärung gegen Tendenzen zur Verklärung der deutschen Diktaturen, die unübersehbare Unterschiede trennen, die aber auch auffällige Analogien teilen.

## 8. Fazit

Zwar ist die Demokratie genau so wenig perfekt wie alles andere auf Erden. Doch es gibt keine menschenwürdigere Staatsform als die Demokratie. Bereits Winston Churchill bemerkte, die Demokratie sei die zweitbeste Staatsform – die beste gebe es nicht. Selbst in ihrer schwersten Krise seit Jahrzehnten ist die Demokratie samt Sozialer Marktwirtschaft jeder Staatsform klar überlegen. Umso wichtiger bleibt es, sie gegen alle ihre Gegner und Feinde offensiv zu verteidigen – unabhängig von deren Nationalität.

Auch wenn NPD & Co. bislang weit davon entfernt sind, zu einer Massenbewegung zu mutieren: Sie sind wesentlich gefährlicher als in der jüngeren Vergangenheit und bleiben ernst zu nehmen. Deshalb darf Engagement gegen Rechtsextremismus keine Saisonarbeit sein. Vielmehr gilt es, rechtsextreme Hassprediger mit gelassener Entschlossenheit zurückzudrängen – nach der Devise: Hinsehen und Handeln statt Wegsehen und Warten; mit Wort und Wahlzettel, notfalls auch mit Gesetz und Gefängnis.

Besonders bedeutsam bleibt politisch-historische Bildung und demokratische Erziehung in Elternhäusern, Schulen und Vereinen, die sich am Engagement gegen Antidemokraten engagiert beteiligen müssen, gerade weil die Zahl der Menschen in Deutschland schwindet, die aus eigener Erfahrung wissen, was es bedeutet, in einer Diktatur zu leben, also zum Beispiel weder Wahlrecht zu genießen noch Schutz vor staatlicher Willkür. Wichtig scheint deshalb Aufklärung über Rechtsextremismus und Rechtsextremisten, das heißt über ihre Positionen, ihr Personal und ihre Partner.

Denn fundierte historische Kenntnisse, solides Wissen um die Grundlagen der Demokratie und geschärftes Bewusstsein für Gefahren, die der Demokratie durch politischen Extremismus und Populismus drohen, sind nachhaltige Mittel, um Menschen stärker gegen beide zu immunisieren und zu imprägnieren. Adressaten dessen sind eher jugendliche Mitläufer, weniger rechtsextreme Betonköpfe und Funktionäre. Demokratische Bildung und Erziehung sind zwar keine Allheil- oder Wundermittel gegen Extremismus und Diktatur, sie können aber – als Seismograf und Kompass in bewegten Zeiten – helfen, Gefahren für die Freiheit zu mindern. Deshalb sollen alle Jugendlichen in Deutschland sowohl den Film „Schindlers Liste" gesehen haben als auch den Film „Die Frau vom Checkpoint Charly". Die inhaltliche Auseinandersetzung mit jeglichen Diktaturen und Extremismen, mit ihrer Geschichte und Gegenwart kann dazu beitragen, nach Hitler- und SED-Diktatur totalitäres und extremistisches Denken und Handeln zu verhindern oder zu verringern. Deshalb bleibt es im Widerstreit mit Rechtsextremismus wichtig, das Gras immer wieder zu mähen, wenn es höher und dichter über Diktaturen zu wachsen droht.

Zur Aufgabe, freiheitliche Grundwerte in nachwachsenden Generationen bestmöglich zu verankern, gehört es, um mehr Verständnis für die komplizierte Herrschaftsform der Demokratie samt Sozialer Marktwirtschaft zu werben. Gerade wer durch politische Erfahrung bzw. Bildung besser versteht, wie eine Diktatur genau funktioniert, wie sie zum Beispiel Pressezensur ausübt und ein Meinungsmonopol etabliert, wie sie die Opposition subtil unterdrückt und offen terrorisiert, kann den Wert einer komplizierten Herrschaftsform wie der rechtsstaatlichen Demokratie (samt Gewaltenteilung und -verschränkung, samt Meinungsfreiheit und Parteienpluralismus) leichter schätzen. Dazu gehört es, alle demokratischen Wahlberechtigten zur stetigen Wahlteilnahme zu animieren und zu mobilisieren nach der Devise: Subjekt sein statt Objekt, Handeln statt behandelt werden. Denn wer nicht wählt, hilft am meisten denen, die er/sie nie wählen würde. Je mehr Demokraten (statt Antidemokraten) an Wahlen teilnehmen, desto schwerer fällt es Extremisten, Mandate zu erringen.

Die Vision ist klar: Deutschland soll zu einer „no go area" für Rechtsextremismus werden, die auch keine Parallelgesellschaften duldet, in denen sich schlecht integrierte Deutsche tummeln. Ziel ist es, „braune Sümpfe“ noch stärker trockenzulegen. Worum es geht, formuliert der Politikwissenschaftler Peter Graf Kielmansegg. Er nennt den demokratischen Verfassungsstaat „die erfolgreichste Institutionalisierung politischer Freiheit in der Geschichte der Menschheit“. Wo kamen Menschen, fragt er rhetorisch, „den Idealen des späten achtzehnten Jahrhunderts … näher … als im freiheitlichen Verfassungsstaat?“

Umso wichtiger ist es, ihn gegen seine Gegner und Feinde zu verteidigen. Daran müssen sich gerade auch Bürgerinnen und Bürger aus der politischen Mitte beteiligen. Denn es wäre fatal, das Thema „Rechtsextremismus“ – jenseits von wohlmeinenden Sonntagsreden – im Alltag primär linksextremen Sektierern zu überlassen, deren Engagement gegen Rechtsextremismus unter gravierenden Glaubwürdigkeitsdefiziten leidet, weil sie, wenn sie gegen Rechtsextremismus demonstrieren, teilweise gegen sich selbst demonstrieren. Deshalb ist die Beteiligung von eindeutigen Demokraten an gesellschaftlicher Gegenwehr besonders bedeutsam, um Legitimität, Akzeptanz und Effizienz des Engagements gegen Rechtsextremismus zu erhöhen. Gemeinsam mit linksextremen Sektierern gegen Rechtsextremismus vorzugehen, verschreckte Teile der politischen Mitte, die am Engagement gegen Antidemokraten mitwirken sollten. Staat und Gesellschaft dürfen weder auf dem rechten noch auf dem linken Auge erblinden. Mit beiden Augen sieht man besser.

# 9. Literatur

## 9.1 Bücher


Backes, Uwe / Jesse, Eckhard (Hrsg.): Jahrbuch Extremismus & Demokratie, Bonn/Baden-Baden 1989 ff.

Backes, Uwe / Steglich, Henrik (Hrsg.): Die NPD. Erfolgsbedingungen einer rechtsextremistischen Partei, Baden-Baden 2007

Bergsdorf, Harald: Ungleiche Geschwister. Die deutschen „Republikaner" (REP) im Vergleich zum französischen „Front National" (FN), Frankfurt am Main 2000

Ders.: Die neue NPD. Antidemokraten im Aufwind, München 2007

Decker, Frank: Der neue Rechtspopulismus, Opladen 2004

Ders. (Hrsg.): Populismus. Gefahr für die Demokratie oder nützliches Korrektiv?, Wiesbaden 2006

Erdmann, Karl Dietrich: Die Weimarer Republik, München 1999

Ders.: Deutschland unter der Herrschaft des Nationalsozialismus, München 1999

Ders.: Der Zweite Weltkrieg, München 1999

Falter, Jürgen W.: Wer wählt rechts? Die Wähler und Anhänger rechtsextremistischer Parteien im vereinigten Deutschland, München 1994

Flemming, Lars: Das NPD-Verbotsverfahren. Vom „Aufstand der Anständigen" zum „Aufstand der Unfähigen", Baden-Baden 2005

Gessenharter, Wolfgang / Pfeiffer, Thomas (Hrsg.): Die Neue Rechte – eine Gefahr für die Demokratie?, Wiesbaden 2004

Glaser, Stefan / Pfeiffer, Thomas (Hrsg.): Erlebniswelt Rechtsextremismus. Menschenverachtung mit Unterhaltungswert, Schwalbach/Ts. 2007

Grumke, Thomas / Wagner, Bernd (Hrsg.): Handbuch Rechtsradikalismus. Personen – Organisationen – Netzwerke vom Neonazismus bis in die Mitte der Gesellschaft, Opladen 2002

Hildebrand, Klaus: Das Dritte Reich, München 2003

Hüllen, Rudolf van: „Modernisierter" Rechtsextremismus. Eine Herausforderung für die politische Bildung, Sankt Augustin/Berlin 2008

Innenministerium des Landes Nordhein-Westfalen: Musik, Mode, Markenzeichen. Rechtsextremismus bei Jugendlichen, Düsseldorf 2008

Jaschke, Hans-Gerd: Rechtsextremismus und Fremdenfeindlichkeit. Begriffe,. Positionen, Praxisfelder, Wiesbaden 2001

Kailitz, Steffen: Politischer Extremismus in der Bundesrepublik Deutschland, Wiesbaden 2004

Kielmansegg, Peter Graf: Nach der Katastrophe. Eine Geschichte des geteilten Deutschland, Berlin 2000

Ders.: Lange Schatten. Vom Umgang der Deutschen mit der nationalsozialistischen Vergangenheit, Berlin 1989

Lübbe, Hermann: Vom Parteigenossen zum Bundesbürger: Über beschwiegene und historisierte Vergangenheiten, Paderborn/München 2007

Schroeder, Klaus: Rechtsextremismus und Jugendgewalt in Deutschland. Ein Ost-West-Vergleich, Paderborn 2004

Schröder, Richard: Die wichtigsten Irrtümer über die deutsche Einheit, Freiburg im Breisgau 2007

Steglich, Henrik: Die NPD in Sachsen. Organisatorische Voraussetzungen ihres Wahlerfolgs 2004, Göttingen 2005

## 9.2 Aufsätze

Backes, Uwe / Jesse, Eckhard: Die „Extremismus-Formel" – Zur Fundamentalkritik an einem historisch-politischen Konzept; in: Uwe Backes; Eckhard Jesse (Hrsg.): Jahrbuch Extremismus & Demokratie, Baden-Baden 2001

Bergsdorf, Harald: „Konfliktuelle Komplizenschaft. Zum Verhältnis von NPD und Autonomen Nationalisten"; in: Die Politische Meinung, 12/2009

Ders.: Fruchtbare Felder. Rechtsextremismus in Ostdeutschland; in: Deutschland-Archiv. Zeitschrift für das vereinigte Deutschland, 1/2009

Ders.: Links- und rechtsextreme Programmatik und Ideologien im Vergleich; in: Uwe Backes; Eckhard Jesse (Hrsg.): Gefährdungen der Freiheit. Extremistische Ideologien im Vergleich, Göttingen 2006

Ders.: Rechtsextreme Parteien in Deutschland und Frankreich. Durch das Fernsehen bekämpft oder befördert?; in: Zeitschrift für Parlamentsfragen, 29 (1998)

Ders.: Rhetorik des Populismus am Beispiel rechtsextremer und rechtspopulistischer Parteien wie der „Republikaner", der FPÖ und des „Front National"; in: Zeitschrift für Parlamentsfragen, 31 (2000)

Ders.: Aufklären oder ausblenden? Rechtsextreme im Fernsehen; in: Journalist, 11/2006

Ders.: „Die Vier-Säulen-Strategie der neuen NPD"; in: Deutschland-Archiv. Zeitschrift für das vereinigte Deutschland, 1/2008

Ders.: 60 Jahre nach dem 8. Mai 1945: Zum Umgang der Bundesrepublik mit der NS-Vergangenheit; in: Die Politische Meinung, 5/2005

Ders.: Le rapport au passé national-socialiste. Soixante ans après le procès de Nuremberg"; in: Documents. Revue du dialogue franco-allemand, 5/2006

Decker, Frank: Die Renaissance der Sozialisten. Warum der linke dem rechten Populismus den Rang ablaufen könnte; in: Neue Gesellschaft/Frankfurter Hefte, 5/2007

Flemming, Lars: Das gescheiterte NPD-Verbotsverfahren; in: Uwe Backes; Eckhard Jesse (Hrsg.): Jahrbuch Extremismus & Demokratie, Baden-Baden 2003

Ders.: Die NPD nach dem gescheiterten NPD-Verbotsverfahren; in: Uwe Backes; Eckhard Jesse (Hrsg.): Jahrbuch Extremismus & Demokratie, Baden-Baden 2004

Jesse, Eckhard: Soll die Nationaldemokratische Partei Deutschlands verboten werden? Der Parteiverbotsantrag war unzweckmäßig, ein Parteienverbot ist rechtmäßig; in: Politische Vierteljahresschrift, 4/2001

Ders.: Der gescheiterte Verbotsantrag gegen die NPD – die streitbare Demokratie ist beschädigt worden, in: Politische Vierteljahresschrift, 3/2003

Ders.: Nationaldemokratische Partei Deutschlands (NPD); in: Frank Decker; Viola Neu (Hrsg.): Handbuch der deutschen Parteien, Wiesbaden 2007, S. 336 ff.

Köcher, Renate: Verringern oder halten, aber nicht ausweiten. Mit Ausnahme der Grünen besteht in der Einwanderungsfrage Konsens; in: Frankfurter Allgemeine Zeitung, 20. Juni 2001.

Dies.: Die Mehrheit erwartet immer wieder Konflikte. Die Herausforderung durch den Islam als Chance; in: Frankfurter Allgemeine Zeitung, 15. Dezember 2004.

Dies.: Erodiertes Vertrauen. Kapitalismuskritik und Akzeptanz der sozialen Marktwirtschaft; in: Wirtschaftswoche, 23/2005.

Dies.: Die Sogwirkung der Linkspartei; in: Frankfurter Allgemeine Zeitung, 20. Februar 2008.

Möller, Horst: Die Geschichte des Nationalsozialismus und der DDR: Ein (un-) möglicher Vergleich?; in: Klaus Sühl (Hrsg.): 1945–1989. Ein unmöglicher Vergleich? Berlin 1994

Ders.: Die Vertreibung der Deutschen aus dem Osten in der Erinnerungskultur. Zur Einführung; in: Jörg-Dieter Gauger; Manfred Kittel (Hrsg.): Die Vertreibung der Deutschen aus dem Osten in der Erinnerungskultur, Sankt Augustin 2004

Petersen, Thomas: Die Stimmung trotzt den Sorgen. Der Optimismus der Bevölkerung deutet auf Wirtschaftswachstum hin; in: Frankfurter Allgemeine Zeitung, 31. Dezember 2007.

Pfahl-Traughber, Armin: Der Extremismusbegriff in der politikwissenschaftlichen Diskussion – Definitionen, Kritik, Alternativen; in: Uwe Backes; Eckhard Jesse (Hrsg.): Jahrbuch Extremismus & Demokratie, Bonn 1992

Ders.: Der ‚zweite' Frühling der NPD zwischen Aktion und Politik; in: Uwe Backes; Eckhard Jesse (Hrsg.), Jahrbuch Extremismus & Demokratie, Baden-Baden 1999

Ders.: Die Entwicklung des Rechtsextremismus in Ost- und Westdeutschland; in: Aus Politik und Zeitgeschichte, 39/2000

Pingel-Schliemann, Sandra / Ohse, Karl-Georg: Der Wahlerfolg der NPD in Mecklenburg-Vorpommern; in: Deutschland-Archiv, 12/2006

Poutrus, Patrice G. / Behrends, Jan C. / Kuck, Dennis: Historische Ursachen der Fremdenfeindlichkeit in den neuen Bundesländern; in: Aus Politik und Zeitgeschichte, 39/2000, S. 19 ff

Steglich, Henrik: Die sächsische NPD; in: Uwe Backes; Eckhard Jesse (Hrsg.): Jahrbuch Extremismus & Demokratie, Baden-Baden 2005

## 9.3 Links

www.bmi.bund.de
www.bpb.de
www.destatis.de
www.politische-bildung.nrw.de
www.verfassungsschutz.de
www.verfassungsschutz.nrw.de

## 10. Glossar

### Autonome Antifaschisten

Der „antifaschistische Kampf" ist ein Hauptagitationsfeld von Autonomen. Aus ihrer Sicht ist es geboten, den Kampf gegen Faschisten und Rassisten in die eigenen Hände zu nehmen. Autonome Publikationen und Stellungnahmen werben für Gegenveranstaltungen zu rechtsextremistischen Kundgebungen. Die Agitation Autonomer Antifaschisten richtet sich auch gegen staatliche Einrichtungen oder ihre Repräsentanten. Darüber hinaus veröffentlichen sie Adressen und „Steckbriefe" von politischen Gegnern – mitunter verbunden mit der Aufforderung, diese Personen auch anzugreifen. Die „antifaschistische Selbsthilfe" befürwortet militante Aktionen, die sich in erster Linie gegen den politischen Gegner, insbesondere tatsächliche oder vermeintliche „Nazis" richten. Dadurch kommt es regelmäßig zu hohen Sachschäden, teilweise aber auch zu Personenschäden.

### Antifaschismus

Linksextremisten nutzen den Begriff „Antifaschismus", um ihre Ablehnung des Rechtsextremismus zu artikulieren und um zu behaupten, der „kapitalistische" Staat begünstige den Faschismus. Deshalb richtet sich ihr Antifaschismus sowohl gegen tatsächliche oder vermeintliche Rechtsextremisten als auch gegen den demokratischen Staat und seine Vertreter.

### Antisemitismus

Antisemitismus ist ein zentrales Ideologieelement des Rechtsextremismus. Antisemitismus zielt auf die Diffamierung und Diskriminierung „der Juden". Der rechtsextremistische Antisemitismus gründet insbesondere auf dem rassistischen Weltbild des Nationalsozialismus, der das Judentum als „nichtdeutsche, fremde Rasse" definierte und diesen „Feind der eigenen Rasse" „ausmerzen" wollte. Gerade auch wegen der strafrechtlichen Konsequenzen meidet ein Teil der Rechtsextremisten mittlerweile in seiner Propaganda offenen, rassistisch motivierten Antisemitismus. Stattdessen praktiziert er einen angedeuteten Antisemitismus, insbesondere durch die Behauptung eines übermäßigen politischen Einflusses von Juden (politischer Antisemitismus). Auch religiös begründeter Antisemitismus ist gelegentlich zu beobachten. Oft arbeitet antisemitische Propaganda unterschwellig, u. a. durch subtil judenfeindlich gefärbte Zeitungsartikel oder Anspielungen.

Rechtsextremisten nutzen Kritik an der Politik Israels, um die Existenzberechtigung des Staates Israel infrage zu stellen. Die grundsätzliche Ablehnung Israels basiert auf der prinzipiellen Ablehnung des Judentums. Gleichsetzungen der israelischen Politik mit den Verbrechen an Juden im Nationalsozialismus sind ebenfalls ein gängiges Muster des antizionistischen Antisemitismus. „Sekundärer Antisemitismus" moniert, Juden nutzten die Verantwortung Deutschlands für den Holocaust als Mittel der Erpressung, um finanzielle und politische Forderungen durchzusetzen. Antisemitischen Verschwörungstheorien unterstellen, Juden instrumentalisierten Deutschland im Rahmen einer planvollen Konspiration, um den „jüdischen Einfluss" zu vergrößern oder das Ziel der jüdischen Weltherrschaft zu erreichen. Häufig unterstellen Antisemiten, es gebe einen „jüdischen Einfluss" auf politische Entscheidungen der Regierungsverantwortlichen.

## Autonome

Kennzeichnend für die Bewegung der Autonomen, die über kein einheitliches ideologisches Konzept verfügt, ist die Ablehnung staatlicher und gesellschaftlicher Normen und Zwänge, die Suche nach einem freien, selbstbestimmten Leben in herrschaftsfreien Räumen und der Widerstand gegen den demokratischen Staat und seine Institutionen, wobei Gewalt von Autonomen grundsätzlich als Aktionsmittel („militante Politik") akzeptiert ist. Autonome bilden den weitaus größten Anteil des gewaltbereiten linksextremistischen Personenpotenzials. Das Selbstverständnis der heterogenen autonomen Bewegung ist geprägt von Anti-Einstellungen („antikapitalistisch", „antifaschistisch"). Diffuse anarchistische und kommunistische Ideologiefragmente („Klassenkampf", „Revolution" oder „Imperialismus") bilden den Rahmen ihrer oftmals spontanen Aktivitäten. Eine klassische Form autonomer Gewalt ist die sogenannte Massenmilitanz. Das sind Straßenkrawalle, die sich im Rahmen von Demonstrationen oder im Anschluss daran entwickeln. Hierbei kommt es regelmäßig auch zu Gewaltexzessen.

## Extremismus/Radikalismus

Bei „Radikalismus" handelt es sich um eine rigorose, zum Extremen neigende Denk- und Handlungsweise, die gesellschaftliche Probleme und Konflikte bereits ausgehend von der Wurzel (lateinisch: radix) lösen oder lindern will. Im Unterschied zum „Extremismus" zielt Radikalismus aber nicht darauf, den demokratische Verfassungsstaat und die damit verbundenen Grundprinzipien unserer Verfassungsordnung zu beseitigen. Extremistisch dagegen sind Aktivitäten, die darauf zielen, die Grundwerte der freiheitlichen Demokratie zu beseitigen.

## Fremdenfeindlichkeit

Fremdenfeindlichkeit richtet sich gegen Menschen, die sich durch Herkunft, Nationalität, Religion oder Hautfarbe von der als „normal" erachteten Umwelt unterscheiden. Die mit dieser Zuweisung typischerweise verbundenen vermeintlich minderwertigen Eigenschaften werden als Rechtfertigung für einschlägige Straftaten missbraucht. Insbesondere das rechtsextremistische Weltbild ist geprägt von einer Überbewertung ethnischer Zugehörigkeit, aus der u. a. Fremdenfeindlichkeit resultiert.

### Neonazismus/Neonationalsozialismus

Der Neonationalsozialismus bezieht sich auf die Weltanschauung des „Dritten Reiches" und macht diese zur Grundlage seiner politischen Zielvorstellungen. Elementare Bestandteile der neonationalsozialistischen Weltanschauung sind Nationalismus und Rassismus sowie die Forderung nach einem autoritären „Führerstaat" unter Ausschaltung wesentlicher Elemente demokratischer Gewaltenteilung. Abgrenzungskriterien zum subkulturell geprägten Rechtsextremismus sind der bei Neonazi-Aktivisten stärker ausgeprägte Wille zur politischen Arbeit sowie eine intensivere Auseinandersetzung mit inhaltlichen Aspekten des Weltbildes.

### Neue Rechte

Bei der „Neuen Rechten" handelt es sich um eine in den 1970er-Jahren in Frankreich aufgekommene geistige Strömung, die sich um eine Intellektualisierung des Rechtsextremismus bemüht. Sie beruft sich unter anderem auf antidemokratische Denker, die bereits zur Zeit der Weimarer Republik unter der Bezeichnung „Konservative Revolution" aktiv waren. Die Aktivisten der „Neuen Rechten" beabsichtigen die Beseitigung oder zumindest die Beeinträchtigung des demokratischen Verfassungsstaates und versuchen, zunächst einen bestimmenden kulturellen Einfluss zu erlangen, um letztlich den demokratischen Verfassungsstaat zu delegitimieren und das politische System grundlegend zu verändern.

### Parteiverbot

Nach Art. 21 Abs. 2 Grundgesetz sind Parteien, die nach ihren Zielen oder nach dem Verhalten ihrer Anhänger darauf ausgehen, die freiheitliche demokratische Grundordnung zu beeinträchtigen oder zu beseitigen oder den Bestand der Bundesrepublik Deutschland zu gefährden, verfassungswidrig. Über die Frage der Verfassungswidrigkeit entscheidet das Bundesverfassungsgericht (Art. 21 Abs. 2 GG; §§ 13 Nr. 2, 43 ff. BVerfGG). Die Hürden für ein Parteiverbot sind hoch. In der Bundesrepublik wurden bisher zwei Parteien verboten: 1952 die „Sozialistische Reichspartei“ (SRP) und 1956 die „Kommunistische Partei Deutschlands“ (KPD).

### Rassismus

Zahlreiche Ausprägungen des Rechtsextremismus enthalten als ein „ideologisches“ Element den Rassismus. Nach rassistischer „Lehre“ bestehen biologisch begründete, also unabänderliche Wesens- und Qualitätsunterschiede zwischen den Menschenrassen. Die Zugehörigkeit zu einer von ihnen soll also von vornherein über den höheren oder minderen Wert sowohl des Individuums als auch eines Volkes entscheiden. Gewöhnlich wird von Rassisten der „weißen“ oder „nordischen“ oder „germanischen“ Rasse eine naturgegebene Überlegenheit gegenüber allen anderen Rassen zugeschrieben und aus ihr ein „natürlicher“ Herrschaftsanspruch dieser Rasse hergeleitet. Eine spezielle Form des Rassismus ist der Antisemitismus.

### Rechtsextremismus

Rechtsextremistisch sind Bestrebungen, die sich gegen die im Grundgesetz konkretisierte fundamentale Gleichheit der Menschen richten und die universelle Geltung der Menschenrechte ablehnen. Rechtsextremisten sind Feinde des demokratischen Verfassungsstaates, sie haben ein autoritäres Staatsverständnis, das bis hin zur Forderung nach einem nach dem Führerprinzip aufgebauten Staatswesen ausgeprägt ist. Das rechtsextremistische Weltbild ist geprägt von einer Überbewertung ethnischer Zugehörigkeit, aus der u. a. Fremdenfeindlichkeit resultiert. Dabei herrscht die Auffassung vor, die Zugehörigkeit zu einer Ethnie, Nation oder „Rasse“ bestimme den Wert eines Menschen. Offener oder immanenter Bestandteil aller rechtsextremistischen Bestrebungen ist der Antisemitismus. Individuelle Rechte und gesellschaftliche Interessenvertretungen treten zugunsten kollektivistischer „volksgemeinschaftlicher“ Konstrukte zurück (Antipluralismus).

## Schwarzer Block

Der „Schwarze Block“, vermummte Aktivisten in einheitlicher „Kampfausrüstung“, ist eine Aktionsform, die aus dem linksextremistischen autonomen Spektrum stammt und vor allem bei Demonstrationen angewandt wird. Der „Schwarze Block“ ist keine zentral organisierte und koordinierte Organisationsform, sondern ein punktueller Zusammenschluss gewaltorientierter Linksextremisten. Ziel dieses Auftretens ist die erschwerte Zuordnung von Straf- und Gewalttaten zu Einzelpersonen durch die Polizei. Jeder „Schwarze Block“ beinhaltet jedoch ein einzelfallbezogenes, spezifisch bestimmendes Gewaltpotenzial, das sich je nach Lageentwicklung dynamisch und auch kurzfristig noch verändern kann. Seit einigen Jahren ist die Aktionsform des „Schwarzen Blocks“ auch bei den rechtsextremistischen „Autonomen Nationalisten“ zu beobachten.

## Skinheads

Rechtsextremistische Skinheads sind immer noch ein Bestandteil des rechtsextremistischen Spektrums in Deutschland, auch wenn ihr Anteil und ihre Bedeutung im Vergleich zu den 1990er-Jahren deutlich zurückgegangen sind. Ihr Lebensstil ist subkulturell geprägt und häufig mehr auf Freizeitgestaltung als auf politische Arbeit ausgerichtet. Auch verfügen die meisten Skinheads nicht über ein gefestigtes rechtsextremistisches Weltbild. Sie vertreten jedoch rechtsextremistische Anschauungen, die sich in Rassismus, Fremdenfeindlichkeit und der Verherrlichung des Nationalsozialismus zeigen. Rechtsextremistische Skinheads stellen ihre Zugehörigkeit zur „weißen Rasse“ und deren angebliche Überlegenheit in den Mittelpunkt und definieren ihre Feindbilder auf diese Weise.

Die rassistische Einstellung wird mit dem Schlagwort „white power" zusammengefasst. Jugendliche finden auch über die Zugehörigkeit zur rechtsextremistischen Skinhead-Subkultur und insbesondere über die für die Szene wichtige rechtsextremistische Musik Zugang zu einer nationalistischen, fremdenfeindlichen und antisemitischen Gedankenwelt. Musik spielt nicht nur für die Skinhead-Bewegung eine wichtige Rolle. Texte von rechtsextremistischen Musikgruppen prägen weltanschauliche Vorstellungen, Konzerte haben eine bedeutende Rolle für den Zusammenhalt und das Gemeinschaftsgefühl der Szene. Oft sind Musik und Konzerte Anknüpfungspunkte für rechtsextremistische Parteien oder Neonazis, die hierüber versuchen, Jugendliche an ihre politischen Vorstellungen heranzuführen.

Weltweite Strömungen innerhalb der Skinhead-Szene mit einer gewissen szeneinternen Bedeutung sind „Blood & Honour" und die „Hammerskins", beides rassistische Bewegungen, die ein elitäres Selbstverständnis pflegen. Vor allem „Blood & Honour", dessen deutscher Zweig, die „Blood & Honour-Division Deutschland", im Jahr 2000 durch den Bundesinnenminister verboten wurde, trat in der Vergangenheit immer wieder durch die Organisation von rechtsextremistischen Konzerten in Erscheinung.

## Vereinsverbot

Ein Verbot eines Vereins ist nach Art. 9 Abs. 2 Grundgesetz möglich, wenn der Zweck der Tätigkeit des Vereins den Strafgesetzen zuwiderläuft oder sich gegen die verfassungsmäßige Ordnung oder den Gedanken der Völkerverständigung richtet. Erst wenn das durch Verfügung der Verbotsbehörde festgestellt ist, wird nach § 3 Abs. 1 Vereinsgesetz der Verein als verboten (Art. 9 Abs. 2 des Grundgesetztes) behandelt. Ein Vereinsverbot wird durch den Landes- bzw. Bundesinnenminister erlassen.

## Verfassungsfeindlichkeit

Verfassungsfeindlich, das heißt extremistisch, sind politische Aktivitäten, die gegen die verfassungsmäßige Ordnung gerichtet sind und die freiheitliche demokratische Grundordnung beseitigen wollen.

## Verfassungswidrigkeit

Über die Frage der Verfassungswidrigkeit einer Partei entscheidet das Bundesverfassungsgericht (Art. 21 Abs. 2 GG; §§ 13 Nr. 2, 43 ff. BVerfGG). Parteien sind verfassungswidrig, wenn sie nach ihren Zielen oder nach dem Verhalten ihrer Anhänger darauf ausgerichtet sind, die freiheitliche demokratische Grundordnung zu beeinträchtigen oder zu beseitigen oder den Bestand der Bundesrepublik Deutschland zu gefährden. Es genügt nicht, wenn die Partei die freiheitliche demokratische Ordnung nicht anerkennt, sie ablehnt oder ihr andere Prinzipien entgegenhält. Es muss vielmehr eine aktiv-kämpferische, aggressive Haltung gegenüber der bestehenden verfassungsmäßigen Ordnung hinzukommen. Die Organisation muss also planvoll das Funktionieren dieser Ordnung beeinträchtigen und im weiteren Verlauf diese Ordnung selbst beseitigen wollen.

## 11. Rechtsextreme Zeichen und Symbole

Um ihre Gesinnung zu zeigen, verwenden Rechtsextremisten einschlägige Zeichen und Symbole, die sie auf Schulhöfen (Graffitis), Kleidung, Webseiten und anderswo zeigen. Ein Teil solcher Zeichen und Symbole ist verboten (gemäß §§ 86, 86a des Strafgesetzbuches), ein anderer Teil nicht. Umso so wichtiger ist es, beide Arten von rechtsextremen Zeichen und Symbolen genau zu kennen. Denn Rechtsextremisten interpretieren Schweigen und Wegsehen immer wieder als Zustimmung und Ermutigung. Deshalb sind Informationen über rechtsextreme Zeichen und Symbole bedeutsam.

### Gesetzliche Bestimmungen

#### § 86 Strafgesetzbuch (StGB) – Verbreiten von Propagandamitteln verfassungswidriger Organisationen

§ 86 StGB stellt Personen, die Propagandamittel verfassungswidriger Organisationen verbreiten, unter Strafe. Die Vorschrift lautet:

(1) Wer Propagandamittel

1. einer vom Bundesverfassungsgericht für verfassungswidrig erklärten Partei oder einer Partei oder Vereinigung, von der unanfechtbar festgestellt ist, dass sie Ersatzorganisation einer solchen Partei ist,
2. einer Vereinigung, die unanfechtbar verboten ist, weil sie sich gegen die verfassungsmäßige Ordnung oder gegen den Gedanken der Völkerverständigung richtet, oder von der unanfechtbar festgestellt ist, dass sie Ersatzorganisation einer solchen verbotenen Vereinigung ist,
3. einer Regierung, Vereinigung oder Einrichtung außerhalb des räumlichen Geltungsbereichs dieses Gesetzes, die für die Zwecke einer in den Nummern 1 und 2 bezeichneten Parteien oder Vereinigungen tätig ist, oder

4. Propagandamittel, die nach ihrem Inhalt dazu bestimmt sind, Bestrebungen einer ehemaligen nationalsozialistischen Organisation fortzusetzen, im Inland verbreitet oder zur Verbreitung im Inland oder Ausland herstellt, vorrätig hält, einführt oder ausführt oder in Datenspeichern öffentlich zugänglich macht, wird mit Freiheitsstrafe bis zu drei Jahren oder mit Geldstrafe bestraft.

(2) Propagandamittel im Sinne des Absatzes 1 sind nur solche Schriften (§ 11 Abs. 3), deren Inhalt gegen die freiheitliche demokratische Grundordnung oder den Gedanken der Völkerverständigung gerichtet ist.

(3) Absatz 1 gilt nicht, wenn das Propagandamittel oder die Handlung der staatsbürgerlichen Aufklärung, der Abwehr verfassungswidriger Bestrebungen, der Kunst oder der Wissenschaft, der Forschung oder der Lehre, der Berichterstattung über Vorgänge des Zeitgeschehens oder der Geschichte oder ähnlichen Zwecken dient.

(4) Ist die Schuld gering, so kann das Gericht von einer Bestrafung nach dieser Vorschrift absehen.

*Begriff „Propagandamittel"*

Die Definition der Propagandamittel nach § 86 Abs. 2 StGB bezieht sich nur auf „Schriften".

Einer Entscheidung des Bundesgerichtshofs in Strafsachen (BGHSt) zufolge ist eine Schrift „eine Gedankenäußerung durch Buchstaben, Bilder oder Zeichen, die zur Vervielfältigung oder anderweitigen Verbreitung bestimmt ist." Wer indessen nur an und für einen einzelnen Empfänger schreibt, stellt keine Schrift i.S.d. § 86 Abs. 2 StGB her (BGHSt **13**, 376).

Den Schriften stehen gemäß § 11 Abs. 3 StGB gleich:

- **Tonträger**, die technisch gespeichert bestimmte Tonfolgen enthalten, die durch Hilfsmittel dem Ohr wahrnehmbar gemacht werden können, z.B. Magnetbänder, -kassetten und -platten, Schallplatten und Walzen.
- **Bildträger**, die technisch (z.B. elektronisch) gespeicherte Informationen (Bilder oder Bilderfolgen, Grafiken, Texte) enthalten, die durch technische Einrichtungen dem Auge wahrnehmbar gemacht werden können, wie z.B. Videobänder, Bildplatten oder CD-ROMs.

- **Abbildungen**, d.h. unmittelbar durch Gesichts- oder Tastsinn wahrnehmbare Wiedergaben der Außenwelt – vor allem Fotos, Dias und i.d.R. auch Filme.
- **Darstellung**, d.h. jedes Gebilde von gewisser Dauer, das – sinnlich wahrnehmbar – eine Vorstellung oder einen Gedanken ausdrückt, wie abstrakte Bilder, Plastiken, Datenträger, Bildschirmtexte, aber auch Kennzeichen im Sinne von § 86a StGB.

Nach herrschender Meinung fallen unter § 86 StGB grundsätzlich nur nachkonstitutionelle, d.h. ab Geltung des Grundgesetzes verfasste Schriften, da Schutzgut des § 86 StGB der konkrete demokratische Rechtsstaat des Grundgesetzes ist.

Bei vorkonstitutionellen Schriften greift § 86 StGB nur, wenn der Neudruck deren Inhalt durch Vorworte, Ergänzungen, Zusätze oder durch eine Umschlaghülle aktualisiert (BGHSt **29**, 77) oder unveränderte Nachdrucke nationalsozialistischer Schriften oder Schallplatten übernommen werden.

*Begriff „freiheitliche demokratische Grundordnung"*

Der Parlamentarische Rat hat den Begriff der „freiheitlichen demokratischen Grundordnung" nicht definiert; so blieb es der Rechtsprechung vorbehalten, diesen Rechtsbegriff zu präzisieren.

In der Bundesverfassungsgerichtsentscheidung (BVerfGE **2**, 1) vom 22. Oktober 1952 zur „Sozialistischen Reichspartei", dem sogenannten SRP-Urteil, heißt es dazu:

> „Die freiheitliche demokratische Grundordnung im Sinne des Art. 21 Abs. 2 GG ist eine Ordnung, die unter Ausschluss jeglicher Gewalt- und Willkürherrschaft eine rechtsstaatliche Herrschaftsordnung auf der Grundlage der Selbstbestimmung des Volkes nach dem Willen der jeweiligen Mehrheit und der Freiheit und Gleichheit darstellt. Zu den grundlegenden Prinzipien dieser Ordnung sind mindestens zu rechnen:
>
> - die Achtung vor den im Grundgesetz konkretisierten Menschenrechten, vor allem vor dem Recht der Persönlichkeit auf Leben und freie Entfaltung,
> - die Volkssouveränität,
> - die Gewaltenteilung,

- die Verantwortlichkeit der Regierung,
- die Gesetzmäßigkeit der Verwaltung,
- die Unabhängigkeit der Gerichte,
- das Mehrparteienprinzip und
- die Chancengleichheit für alle politischen Parteien mit dem Recht auf verfassungsmäßige Bildung und Ausübung einer Opposition."

*Begriff „Gedanken der Völkerverständigung"*

Unter dem Begriff „Gedanken der Völkerverständigung" ist ein friedliches Zusammenleben der Völker auf der Grundlage einer Einigung ohne das Mittel der Gewalt zu verstehen.

*Inhalt des Propagandamittels*

Der Inhalt des Propagandamittels muss sich gegen Grundsätze richten, d.h. eine aggressive Tendenz muss in dem Propagandamittel selbst zum Ausdruck kommen (z.B. in der Forderung nach „staatlicher Ungleichbehandlung" der Menschen oder nach einem europäischen Staat auf der Grundlage einer „arischen Rassengemeinschaft"). Auf die Motive des Autors kommt es ebenso wenig an wie auf die des Täters oder der sonst am Herstellungs- und Verbreitungsprozess Beteiligten. Es genügt nicht, dass Schriften NS-Gedankengut enthalten, wenn dieses nicht in aggressiver Tendenz gegen die freiheitliche demokratische Grundordnung gerichtet wird.

*Begriff „Partei" und „Vereinigung"*

Parteien sind gem. § 2 Abs. 1 Parteiengesetz (PartG):

> „Vereinigungen von Bürgern, die dauernd oder für längere Zeit für den Bereich des Bundes oder eines Landes auf die politische Willensbildung Einfluss nehmen und an der Vertretung des Volkes im Deutschen Bundestag oder einem Landtag mitwirken wollen, wenn sie nach dem Gesamtbild der tatsächlichen Verhältnisse, insbesondere nach Umfang und Festigkeit ihrer Organisation, nach der Zahl ihrer Mitglieder und nach ihrem Hervortreten in der Öffentlichkeit eine ausreichende Gewähr für die Ernsthaftigkeit dieser Zielsetzung bieten."

Das Verbreiten von Propagandamitteln einer Partei ist dann strafbar, wenn diese entweder vom Bundesverfassungsgericht (BVerfG) nach

Art. 21 Abs. 2 Grundgesetz (GG) i.V.m. §§ 13, 43–47 Bundesverfassungsgerichtsgesetz (BVerfGG) für verfassungswidrig erklärt wurde oder das BVerfG festgestellt hat, dass die Vereinigung eine Ersatzorganisation für eine bereits verbotene Partei ist.

Als Ersatzorganisation bezeichnet man eine Vereinigung, die verfassungswidrige Bestrebungen einer verbotenen Partei an deren Stelle weiterverfolgt, gleichgültig, ob die Organisation neu gebildet oder eine schon bestehende als Ersatzorganisation fortgeführt wird (§ 33 PartG).

Die Feststellung, dass eine Partei verfassungswidrig ist, wurde erst zweimal in der Geschichte der Bundesrepublik Deutschland ausgesprochen:

- 1952 gegen die „Sozialistische Reichspartei“ (SRP, BVerfGE **2**, 1 ff.) und
- 1956 gegen die „Kommunistische Partei Deutschlands“ (KPD, BVerfGE **5**, 85 ff.).

**Vereinigungen** im Sinne des Vereinsgesetzes sind – ohne Rücksicht auf die Rechtsform – alle Vereinigungen, zu denen sich eine Mehrheit natürlicher oder juristischer Personen für längere Zeit zu einem gemeinsamen Zweck freiwillig zusammengeschlossen und einer organisierten Willensbildung unterworfen haben. Handelt es sich um eine Vereinigung i.S.d. Vereinsgesetzes, so sind die Verwaltungsbehörden für die Feststellung der Verfassungswidrigkeit zuständig.

Ist eine Vereinigung in mehreren Bundesländern vertreten, so spricht der Bundesminister des Innern das Verbot aus, so z.B. das Verbot der „Freiheitlichen Deutschen Arbeiterpartei“ (FAP) am 22. Februar 1995.

Ist die Vereinigung nur in einem Bundesland vertreten, so spricht das Verbot der Innenminister des jeweiligen Bundeslandes aus, so z.B. das Verbot des „Nationalen Blocks“ (NB) am 7. Juni 1993 durch das Bayerische Innenministerium.

In § 86 Abs. 1 Nr. 3 StGB werden Propagandamittel von Regierungen, Vereinigungen oder Einrichtungen außerhalb des räumlichen Geltungsbereichs des Grundgesetzes angesprochen. Ausreichend ist, dass ein Teil der Vereinigung außerhalb der Bundesrepublik Deutschland besteht.

Eine Vereinigung kann hier auch z. B. eine Partei sein. Einrichtungen können aber auch Nachrichtendienste oder Stellen ohne Dauercharakter, Kongresse oder Ausschüsse sein.

*Ehemalige nationalsozialistische Organisationen*
§ 86 Abs. 1 Nr. 4 StGB richtet sich gegen Propagandamittel, deren Inhalte dazu bestimmt sind, Bestrebungen einer ehemaligen nationalsozialistischen Organisation fortzusetzen.

Hier ist die NSDAP selbst zu nennen sowie auch ihre gesamte Gliederung und angeschlossene Verbände.

Zu **beachten** ist, dass es sich bei der **Wehrmacht nicht** um eine Organisation in diesem Sinn handelt.

*Tathandlungen und Täterkreis*
§ 86 StGB stellt grundsätzlich das Verbreiten von Propagandamitteln verfassungswidriger Organisationen unter Strafe.

**Verbreiten** bedeutet, dass die Propagandamittel einem größeren Personenkreis zugänglich gemacht werden, wobei es genügt, wenn das Propagandamittel einer Person überlassen wird und der Täter mit der Weitergabe an eine größere, nicht zu kontrollierende Zahl von Personen rechnet.

Während die Verbreitung nur im Inland strafbar ist, sind die entsprechenden Vorbereitungshandlungen hierzu auch strafbar, wenn die Verbreitung der Propagandamittel selbst im Ausland erfolgen soll.

Strafbar macht sich auch, wer zur Verbreitung im In- oder Ausland Propagandamittel herstellt, vorrätig hält, ein- oder ausführt oder in Datenspeichern öffentlich zugänglich macht.

Dies bedeutet im Einzelnen:

**Herstellen:** Hierunter fallen das Verfassen, Verlegen, Drucken und Vervielfältigen von Schriften.

**Vorrätighalten**: Dies umfasst das Besitzen von Propagandamitteln zu einem bestimmten Verwendungszweck. Die reine Lagerung ist zur Verwirklichung des Straftatbestandes nicht ausreichend!

**Einführen**: Einführen ist jedes Verbringen über die Grenze in die Bundesrepublik Deutschland, wobei Einführender jeder ist, der das Verbringen veranlasst oder durchführt.

**Ausführen:** Ausführen ist jedes Verbringen über die Grenzen der Bundesrepublik Deutschland in ein beliebiges fremdes Land. Auch die Durchfuhr von Propagandamitteln (Deutschland als Transitland) ist strafbar.

**Zugänglichmachen in Datenspeichern:** Zugänglichmachen muss öffentlich sein, d. h. es muss die Möglichkeit der Kenntnisnahme einer grundsätzlich unbeschränkten Zahl von Personen eröffnen, soweit sie Zugang zum Datenspeicher (z.B. Internet) haben.

In allen Fällen reicht jeweils ein einziges Exemplar einer propagandistischen Darstellung zur Tatbestandserfüllung i.S.d. § 86 Abs. 1 StGB aus. **Täter** kann jedermann sein.

*Sozialadäquanzklausel (§ 86 Abs. 3 StGB)*

Die Sozialadäquanzklausel (soziale Vertretbarkeit; Sozialverträglichkeit) bedeutet, dass sowohl Propagandamittel als auch Handlungen, die eigentlich unter § 86 Abs. 1 StGB fallen, ausnahmsweise anerkennenswerten Zwecken dienen können. In diesen Fällen entfällt eine Strafbarkeit nach Absatz 1, wenn das Propagandamittel oder die Handlung im Sinne der staatsbürgerlichen Aufklärung, der Abwehr verfassungswidriger Bestrebungen, der Kunst oder der Wissenschaft, der Forschung oder der Lehre, der Berichterstattung über Vorgänge des Zeitgeschehens, der Geschichte oder zu ähnlichen Zwecken eingesetzt wird.

§ 86 Abs. 3 StGB trifft zu, wenn das Propagandamittel oder die Handlung vorwiegend die genannten Zwecke fördern soll und sich dabei im Rahmen der verfassungsmäßigen Ordnung der Bundesrepublik Deutschland bewegt. Es kommt auf die zusammenfassende Wertung von Sinn und Zweck der Abbildung im Zusammenhang der Gesamtdarstellung an.

Eine verbotene Organisation kann sich daher bei der Verbreitung ihrer Propagandamittel nicht auf staatsbürgerliche Aufklärung berufen. Ein Bezug auf § 86 Abs. 3 StGB ist auch dann ausgeschlossen, wenn unter dem Deckmantel der Berichterstattung Werbung für die verbotene Organisation betrieben wird.

## § 86a StGB – Verwenden von Kennzeichen verfassungswidriger Organisationen

Strafbar nach § 86a StGB ist das Verwenden von Kennzeichen verfassungswidriger Organisationen. Die Vorschrift lautet:

(1) Mit Freiheitsstrafe bis zu drei Jahren oder mit Geldstrafe wird bestraft, wer
1. im Inland Kennzeichen einer der in § 86 Abs. 1 Nr. 1, 2 und 4 bezeichneten Parteien und Vereinigungen verbreitet oder öffentlich, in einer Versammlung oder in von ihm verbreiteten Schriften (§ 11 Abs. 3) verwendet oder
2. Gegenstände, die derartige Kennzeichen darstellen oder enthalten, zur Verbreitung oder Verwendung im Inland oder Ausland in der in Nummer 1 bezeichneten Art und Weise herstellt, vorrätig hält, einführt oder ausführt.

(2) Kennzeichen im Sinne des Absatzes 1 sind namentlich Fahnen, Abzeichen, Uniformstücke, Parolen und Grußformen. Den in Satz 1 genannten Kennzeichen stehen solche gleich, die ihnen zum Verwechseln ähnlich sind.

(3) § 86 Abs. 3 und 4 gilt entsprechend.

***Kennzeichen***

Kennzeichen sind in Gegenständen verkörperte Symbole und nichtkörperliche, optische oder akustische charakteristische Erkennungszeichen einer verbotenen Organisation, die den Schutzzweck des § 86a StGB ersichtlich verletzen, weil sie dem unbefangenen Dritten den Eindruck eines Kennzeichens einer Vereinigung der in § 86 Abs. 1 StGB bezeichneten Art vermitteln.

Hierzu gehören nicht nur die in § 86a Abs. 2 genannten Kennzeichen selbst, es genügt auch eine Abbildung, die z. B. auf einige Meter Entfernung auf Passanten optisch wie ein Hakenkreuz wirkt sowie abgewandelte Symbole, die den Kennzeichen der verfassungswidrigen Organisationen zum Verwechseln ähnlich sind.

In diesem Zusammenhang ist der sogenannte Widerstandsgruß oder auch „Kühnengruß“ zu nennen. Durch die Verbotsverfügung des Bundesministers des Innern vom 24. November 1983 wurde die von Michael Kühnen geführte „Aktionsfront Nationaler Sozialisten/Nationale Aktivisten“ (ANS/NA) verboten. Die von der ANS/NA verwendete Grußform ist als ein zum Verwechseln ähnliches Zeichen zum „Hitler-Gruß“ zu werten und somit i. S. v. § 86a Abs. 1, 2 S. 2 StGB i.V. m. § 86 Abs. 1 Nr. 4 StGB strafbar.

*Tathandlungen und Täterkreis*

§ 86a StGB stellt das Verbreiten oder öffentliche Verwenden von Kennzeichen verfassungswidriger Organisationen unter Strafe.

**Verbreiten:** Dies bedeutet das Überlassen an andere zur Weitergabe an beliebige Dritte.

**Verwenden:** Dies umfasst jeden Gebrauch, der das Kennzeichen optisch oder akustisch wahrnehmbar macht, also insbesondere das Tragen, Zeigen, Ausstellen, Vorführen, Vorspielen, Ausrufen usw. Zu beachten ist, dass eine Verwendung von NS-Kennzeichen bei einer gegen das Wiederaufleben des Nationalsozialismus gerichteten Demonstration oder in ähnlichen Fällen, keine Verwendung im Sinne dieser Bestimmung ist (vgl. BGHSt **25** ff.; 133 ff.)

Nur das **öffentliche Verwenden** ist strafbar.

Hieran fehlt es beispielsweise

- beim Ausstellen von „Volkssturm“-Armbinden, bei denen das Hakenkreuz verdeckt ist oder
- beim bloßen Feilbieten von Büchern, die im Innern Kennzeichen i.S.d. § 86a Abs. 2 StGB enthalten (BGHSt **29**, 82).

Entscheidend ist nicht die Öffentlichkeit des Ortes. Auch das Verwenden in einer Privatwohnung kann – bei entsprechendem Personenkreis – öffentlich sein.

**Täter** kann jedermann sein.

*Sozialadäquanzklausel*

§ 86a Abs. 3 StGB verweist auf § 86 Abs. 3 StGB und stellt somit eine Verknüpfung zur Sozialadäquanzklausel dar, die nach der Gesetzesfassung als Tatbestandsausschluss anzusehen ist.

Danach sind vom Tatbestand in der Regel ausgenommen

- künstlerische Darstellungen und
- historische Werke (Wissenschaft, Berichterstattung).

Ebenfalls können unter den Schutz der Sozialadäquanzklausel fallen
- Karnevalsumzüge,
- Briefmarkensammeln,
- der antiquarische Handel mit Büchern aus der NS-Zeit,
- Verwendung von NS-Symbolen zur Dokumentation,
- das Ausstellen eines einzelnen, aus der Zeit vor dem Ersten Weltkrieg stammenden, brillantbesetzten Schmuckstücks in Hakenkreuzform oder
- eine satirische und verfremdende Verwendung.

**Nicht** unter den Schutz der Klausel fallen
- das kommerzielle Feilbieten von „Souvenirs“,
- das Verwenden des Hakenkreuzes auf Buchumschlägen der Trivialliteratur oder
- eine reißerische Käuferwerbung.

*Schutzzweck der §§ 86, 86a StGB*

Die §§ 86, 86a StGB betreffen die Tatbestände der Verbreitung von Propagandamaterial verfassungswidriger Organisationen und das Verwenden von Kennzeichen verfassungswidriger Organisationen.

Beide Paragrafen sind im dritten Teil des Strafgesetzbuches in der Rubrik „Gefährdung des demokratischen Rechtsstaates“ aufgeführt. Schutzzweck ist die Bewahrung des demokratischen Rechtsstaates und des politischen Friedens.

In § 86 StGB sind diejenigen Organisationen mit ihren Zielen und schriftlichen Äußerungen definiert, deren Kennzeichen in § 86a StGB verboten werden.

§ 86a StGB erfasst bestimmte symbolträchtige Kennzeichen (z. B. Hakenkreuz, Sigrune), deren Verbreitung oder Verwendung den Anschein erwecken, dass verfassungswidrige Organisationen (z. B. „Nationalistische Front“, „Nationaler Block“) trotz ihrer Verbote ungehindert ihre Wiederbelebung betreiben können. Wird der Schutzzweck des § 86a StGB ersichtlich nicht verletzt, beispielsweise durch eine Negativdarstellung, scheidet eine strafrechtliche Verantwortlichkeit aus.

## § 20 Vereinsgesetz (VereinsG) – Zuwiderhandlungen gegen Verbote

Eine wichtige gesetzliche Bestimmung stellt § 20 VereinsG dar, der Zuwiderhandlungen gegen vollziehbare Verbote von Vereinen und Parteien unter Strafe stellt. In § 20 Vereinsgesetz heißt es:

(1) Wer im räumlichen Geltungsbereich dieses Gesetzes durch eine darin ausgeübte Tätigkeit
1. den organisatorischen Zusammenhalt eines Vereins entgegen einem vollziehbaren Verbot oder entgegen einer vollziehbaren Feststellung, dass er Ersatzorganisation eines verbotenen Vereins ist, aufrechterhält oder sich in einem solchen Verein als Mitglied betätigt,
2. den organisatorischen Zusammenhalt einer Partei oder eines Vereins entgegen einer vollziehbaren Feststellung, dass sie Ersatzorganisationen einer verbotenen Partei sind (§ 33 Abs. 3 des Parteiengesetzes), aufrechterhält, oder sich in einer solchen Partei oder einem solchen Verein als Mitglied betätigt,
3. den organisatorischen Zusammenhalt eines Vereins oder einer Partei der in Nummer 1 und 2 bezeichneten Art unterstützt,
4. einem vollziehbaren Verbot nach § 14 Abs. 3 Satz 1 oder § 18 Satz 2 zuwiderhandelt oder
5. Kennzeichen einer der in den Nummern 1 und 2 bezeichneten Vereine oder Parteien oder eines von dem Betätigungsverbot nach § 15 Abs. 1 in Verbindung mit § 14 Abs. 3 Satz 1 betroffenen Vereins während der Vollziehbarkeit des Verbots oder der Feststellung verbreitet oder öffentlich oder in einer Versammlung verwendet,

wird mit Freiheitsstrafe bis zu einem Jahr oder mit Geldstrafe bestraft, wenn die Tat nicht in den §§ 84, 85, 86a oder den §§ 129 bis 129b des Strafgesetzbuches mit Strafe bedroht ist. In den Fällen der Nummer 5 gilt 9 Abs. 1 Satz 2, Abs. 2 entsprechend.

(2) Das Gericht kann von einer Bestrafung nach Absatz 1 absehen, wenn
1. bei Beteiligten die Schuld gering oder deren Mitwirkung von untergeordneter Bedeutung ist oder
2. der Täter sich freiwillig und ernsthaft bemüht, das Fortbestehen der Partei oder des Vereins zu verhindern; erreicht er dieses Ziel

oder wird es ohne sein Bemühen erreicht, so wird der Täter nicht bestraft.

(3) Kennzeichen, auf die sich eine Straftat nach Absatz 1 Nr. 5 bezieht, können eingezogen werden.

*Schutzzweck des § 20 VereinsG*

§ 20 Abs. 1, Satz 1 Nr. 5 VereinsG ist eine subsidiär geltende Ergänzungsvorschrift zu §§ 86, 86a StGB. Während diese Normen unanfechtbare Verbote einer Partei oder Vereinigung voraussetzen, erfasst § 20 Abs. 1 VereinsG bereits Zuwiderhandlungen gegen lediglich vollziehbare Verbote. Sobald ein solches Verbot unanfechtbar wird, sind ausschließlich §§ 86, 86a StGB anwendbar.

*Nach § 3 VereinsG verbotene Organisationen*

## § 3 VereinsG – Verbot von Vereinen

Mit § 3 VereinsG hat der Bundesminister des Innern oder die nach Landesrecht zuständige Behörde die Möglichkeit, Vereine zu verbieten, deren Zwecke oder Tätigkeiten den Strafgesetzen zuwiderlaufen oder die sich gegen die verfassungsmäßige Ordnung oder den Gedanken der Völkerverständigung richten. Die Vorschrift lautet:

(1) Ein Verein darf erst dann als verboten (Artikel 9 Abs. 2 des Grundgesetzes) behandelt werden, wenn durch Verfügung der Verbotsbehörde festgestellt ist, dass seine Zwecke oder seine Tätigkeit den Strafgesetzen zuwiderlaufen oder dass er sich gegen die verfassungsmäßige Ordnung oder den Gedanken der Völkerverständigung richtet; in der Verfügung ist die Auflösung des Vereins anzuordnen (Verbot). Mit dem Verbot ist in der Regel die Beschlagnahme und die Einziehung

1. des Vereinsvermögens
2. von Forderungen Dritter, soweit die Einziehung in § 12 Abs. 1 vorgesehen ist, und
3. von Sachen Dritter, soweit der Berechtigte durch die Überlassung der Sachen an den Verein dessen verfassungswidrige Bestrebungen vorsätzlich gefördert hat oder die Sachen zur Förderung dieser Bestrebungen bestimmt sind, zu verbinden.

(2) Verbotsbehörde ist
1. die oberste Landesbehörde oder die nach Landesrecht zuständige Behörde für Vereine und Teilvereine, deren erkennbare Organisation und Tätigkeit sich auf das Gebiet eines Landes beschränken.
2. der Bundesminister des Inneren für Vereine und Teilvereine, deren Organisation oder Tätigkeit sich über das Gebiet eines Landes hinaus erstreckt.
Die oberste Landesbehörde oder die nach Landesrecht zuständige Behörde entscheidet im Benehmen mit dem Bundesminister des Innern, wenn sich das Verbot gegen den Teilverein eines Vereins richtet, für dessen Verbot nach Satz 1 Nr. 2 der Bundesminister des Innern zuständig ist. Der Bundesminister des Innern entscheidet im Benehmen mit den Behörden, die nach Satz 1 Nr. 1 für das Verbot von Teilvereinen zuständig gewesen wären.

(3) Das Verbot erstreckt sich, wenn es nicht ausdrücklich beschränkt wird, auf alle Organisationen, die dem Verein derart eingegliedert sind, dass sie nach dem Gesamtbild der tatsächlichen Verhältnisse als Gliederung dieses Vereins erscheinen (Teilorganisationen). Auf nichtgebietliche Teilorganisationen mit eigener Rechtspersönlichkeit erstreckt sich das Verbot nur, wenn sie in der Verbotsverfügung ausdrücklich benannt sind.

(4) Das Verbot ist schriftlich oder elektronisch mit einer dauerhaft überprüfbaren Signatur nach § 37 Abs. 4 des Verwaltungsverfahrensgesetzes abzufassen, zu begründen und dem Verein, im Falle des Absatzes 3 Satz 2 auch den Teilorganisationen, zuzustellen. Der verfügende Teil des Verbots ist im Bundesanzeiger und danach im amtlichen Mitteilungsblatt des Landes bekannt zu machen, in dem der Verein oder, sofern sich das Verbot hierauf beschränkt, der Teilverein seinen Sitz hat; Verbote nach § 15 werden nur im Bundesanzeiger bekannt gemacht. Das Verbot wird mit der Zustellung, spätestens mit der Bekanntmachung im Bundesanzeiger, wirksam und vollziehbar; § 80 der Verwaltungsgerichtsordnung bleibt unberührt.

(5) Die Verbotsbehörde kann das Verbot auch auf Handlungen von Mitgliedern des Vereins stützen, wenn
1. ein Zusammenhang zur Tätigkeit im Verein oder zu seiner Zielsetzung besteht,
2. die Handlungen auf einer organisierten Willensbildung beruhen und
3. nach den Umständen anzunehmen ist, dass sie vom Verein geduldet werden.

### *„Wehrsportgruppe Hoffmann" (WSG)*

Verbot durch den Bundesminister des Innern (BMI) am 16.01.1980
- unanfechtbar seit dem 02.12.1980

Auszug aus der Verbotsverfügung:

> „Die WSG richtet sich gegen die verfassungsmäßige Ordnung i. S. des Art. 9 Abs. 2 GG und des §3 Abs. 1 Satz 1 Vereinsgesetz, d. h. gegen die konstituierenden Bestandteile der freiheitlichen demokratischen Grundordnung.
>
> Die politische Zielsetzung der WSG entspricht der politischen Zielsetzung HOFFMANNs, da dieser als einziges Willensbildungsorgan der WSG Entscheidungsform und Inhalt der Organisation prägt (...)
>
> Diese Konzeption läuft auf den totalen Staat hinaus, der das Gegenteil der freiheitlich demokratischen Grundordnung ist, und verstößt insbesondere gegen die Prinzipien der Gewaltenteilung, der Verantwortlichkeit der Regierung, der Volkssouveränität sowie gegen das Mehrparteien- und Bundesstaatsprinzip (...)
>
> Die WSG arbeitet darauf hin, die Macht im Staat zu übernehmen (...)
>
> Die ‚Machtübernahme' wird nicht mit demokratischen Mitteln angestrebt (...) Bezeichnend ist auch, dass als Beispiel für die angestrebte ‚Machtübernahme' nicht das Vorbild eines mit demokratischen Mitteln herbeigeführten Machtwechsels herangezogen, sondern auf den militärischen Kampf Maos – und indirekt auch auf Hitler – Bezug genommen wird."

### *„Volkssozialistische Bewegung Deutschlands/Partei der Arbeit" (VSBD/PdA, einschließlich der „Jungen Front" (JF))*

Verbot durch den BMI am 14.01.1982
- unanfechtbar seit dem 13.05.1986

Auszug aus der Verbotsverfügung:

> „Die VSBD/PdA ist in Zielsetzung und öffentlichem Auftreten der früheren NSDAP wesensverwandt (...)

Die Embleme der VSBD/PdA sind denen der NSDAP nachempfunden. Die Fahne der VSBD/PdA gleicht der Hakenkreuzfahne; nur anstelle des Hakenkreuzes steht ein schwarzes Keltenkreuz im weißen Kreis."

### *„Aktionsfront Nationaler Sozialisten/Nationale Aktivisten" (ANS/NA)*

Verbot durch den BMI am 24.11.1983

- unanfechtbar seit dem 13.05.1986

Auszug aus der Verbotsverfügung:

„Die ANS/NA entspricht in ihrem Gesamtbild, ihrer Vorstellungswelt und in ihrem öffentlichen Auftreten der NSDAP und der SA.
Die Mitglieder der ANS/NA tragen zunehmend Ärmelwappen und Anstecker mit dem sogenannten ANS/NA-Abzeichen. Dieses in den Farben schwarz-weiß-rot gehaltene Abzeichen enthält eine nur leicht abgeänderte Sig-Rune, wie sie früher von den Organisationen der NSDAP verwendet wurde (...)

Bei ihren Veranstaltungen, insbesondere anlässlich bestimmter Gedenktage (‚Tag der Machtergreifung', ‚Führergeburtstag', 1. Mai, ‚Sonnenwendfeier' und Führerthing) wird von den Mitgliedern eine Abwandlung des ‚Deutschen Grußes' (Heben des rechten Armes und Spreizen von 3 Fingern) praktiziert."

### *„Nationale Sammlung" (NS) (ANS/NA – Ersatzorganisation)*

Verbot durch den BMI am 27.01.1989 (als Ersatzorganisation der ANS/NA ebenfalls verboten)

- unanfechtbar seit dem 04.12.1991

Auszug aus der Verbotsverfügung:

„Die Zielvorstellung der N.S., eine ‚national- und sozialrevolutionäre Alternative' aufzubauen, die typisch nationalsozialistische Forderungen inhaltlich übernimmt, lässt den Rückschluß zu, dass die N.S. in vergleichbar aggressiv-kämpferischer Haltung wie seinerzeit die NSDAP nunmehr gegen die verfassungsmäßige Ordnung vorgehen will."

***„Nationalistische Front" (NF)***
Verbot durch den BMI am 26.11.1992
- unanfechtbar seit dem 24.03.1998

Auszug aus der Verbotsverfügung:

> „Die NF strebt die Errichtung eines deutschen Volksstaates in der Form einer sozialistischen Volksgemeinschaft an (Grundsatzprogramm der NF, Ziff. 7; Aktionsprogramm der NF, Ziff. 1 und 2).
>
> Über eine ‚antikapitalistische Sozialrevolution' und eine ‚antimaterialistische Kulturrevolution' soll dieses Ziel erreicht werden. Zur Zielverwirklichung wird die ‚Zerschlagung jeder menschen-, volks- und lebensfeindlichen ökonomischen Machtstruktur' propagiert und der ‚Kampf gegen Kapitalismus und Kommunismus' gefordert (Grundsatzprogramm der NF, insbesondere Ziff. 5 bis 7)."

***„Deutsche Alternative" (DA)***
Verbot durch den BMI am 08.12.1992
- unanfechtbar seit dem 30.08.1995

Auszug aus der Verbotsverfügung:

> „Sie nennt sich ‚Nationale Protestpartei' und betrachtet sich als ‚führende politische Kraft der reichstreuen deutschalternativen Opposition' (Satzung der DA, § 2) (...)
>
> Die DA steht somit für die Ziele Kühnens ein, der u. a. die NSDAP neu gründen wollte und eine ‚nationalsozialistische Revolution zur Verwirklichung einer wahren Volksgemeinschaft' propagierte (GdNF-Organ ‚Die Neue Front' Nr. 69, S. 20–22) (...)
>
> Die DA lehnt die freiheitliche demokratische Grundordnung ab, agitiert gegen staatliche Institutionen und kämpft so für deren Beseitigung."

***„Deutscher Kameradschaftsbund Wilhelmshaven" (DKB)***
Verbot durch das Niedersächsische Innenministerium am 18.12.1992
- unanfechtbar seit dem 21.07.1993

Auszug aus der Verbotsverfügung:

„Nach seinem Grundsatzprogramm hat sich der DKB zum Ziel gesetzt:

- ‚Kameradschaft zu fördern und Deutsches Kulturgut zu pflegen' (Nr. 1),
- sich gegen ‚Überfremdung und Asylbetrug' zu wehren (Nr. 4), eine ‚volksdeutsche und heimattreue Erziehung' an unseren Schulen einzuführen (Nr. 5), (...)
- ‚Deutschland in den Grenzen von 1937' wieder herzustellen (Nr. 9) und
- Schluss zu machen mit der ‚Besudelung der deutschen Geschichte' (Nr. 10).

Der DKB versteht sich hierbei allgemein als ‚Sammelbewegung' junger unzufriedener Rechtsextremisten, insbesondere aus dem neonazistischen Spektrum. Er vertritt in seinen Flugblättern, Einladungsschreiben zu Veranstaltungen und anderen Tätigkeiten offen eine extrem ausländerfeindliche und nationalistische Position (...)

In einem handschriftlichen Brief vom 19.12.1991 schreibt der Vorsitzende des Vereins: ‚Denk daran, in unserer heutigen Zeit muss jeder Kamerad die Leistung von drei bringen, um die Lücken der fehlenden Aktivisten zu schließen, der Führer ist auch mit nur 7 Mann angefangen und war 14 Jahre später bereits an der Macht.'"

### *„Nationale Offensive" (NO)*

Verbot durch den BMI am 21.12.1992

- unanfechtbar seit dem 19.06.1996

Auszug aus der Verbotsverfügung:

„Die NO betätigt sich darüber hinaus in antisemitischer Hetze (...)

Die NO lehnt die freiheitliche demokratische Grundordnung ab, agitiert gegen staatliche Institutionen und kämpft so für deren Beseitigung (...)

Die NO lehnt das Mehrparteiensystem und die Chancengleichheit für alle politischen Parteien mit dem Recht auf verfassungsmäßige Bildung und Ausübung einer Opposition ab (...)

Die NO verfolgt ihre Zielsetzung in kämpferisch-aggressiver Form."

*„Nationaler Block" (NB)*
Verbot durch das Bayerische Staatsministerium des Innern am 07.06.1993
- unanfechtbar seit dem 26.01.1994

Auszug aus der Verbotsverfügung:

„Der NB will mit Parteien in anderen Bundesländern zusammenarbeiten und als eine ‚Partei des modernen Nationalismus' (Programm des NB) ‚alle radikal-nationalen Kräfte, die auf dem Boden des Grundgesetzes stehen', vereinigen (...)

Der NB setzt mit seiner aggressiven Agitation Ausländer, Asylbewerber und politische Gegner durch rassistische Parolen und pauschale Bewertungen herab (...) Der NB verbreitet u. a. Aufkleber mit folgendem Inhalt: ‚Keine weiteren Asylanten mehr in unserem Viertel, Deutsche wehrt euch', ‚Keine Ausländer = weniger Verbrechen', ‚Rasant, rasant, Herr Asylant! Am 31.12. ist Abschiebetag.'"

*„Heimattreue Vereinigung Deutschlands" (HVD)*
Verbot durch das Innenministerium Baden-Württemberg am 08.07.1993
- unanfechtbar seit dem 11.04.1994

Auszug aus der Verbotsverfügung:

„Bereits 1989 wurden bei polizeilichen Durchsuchungen im Zuge mehrerer Ermittlungsverfahren gegen Mitglieder der HVD wegen Propagandadelikten einschlägiges Schrifttum, Munition und uniformähnliche Bekleidungsstücke beschlagnahmt. Dabei wurde auch ein ‚internes Arbeitspapier' zur ‚Aufstellung des Sicherheitsdienstes (SD)' gefunden, das Ausführungen zu Bestrafungsaktionen gegen (‚Staats-, Presse-' und andere) ‚Spitzel' und ‚Überläufer' sowie die Forderung nach einer ‚offensiven Bekämpfung der politischen Gegner mit allen Mitteln' enthielt (...)

Die HVD ist vielmehr eine neonationalsozialistische Vereinigung, die nicht nur eine entsprechende politische Gesinnung pflegt, sondern sich durch ihre Tätigkeit kämpferisch-aggressiv gegen die verfassungsmäßige Ordnung wendet.

Seit Beginn ihrer Tätigkeit bis heute hat die HVD deutlich ihre politische Nähe zum ‚Dritten Reich' und somit eine ausgesprochen antidemokratische und antiparlamentarische Haltung dokumentiert (...)"

***„Freundeskreis Freiheit für Deutschland" (FFD)***
Verbot durch das Innenministerium des Landes
Nordrhein-Westfalen am 25.08.1993
- unanfechtbar seit dem 17.10.1998

Auszug aus der Verbotsverfügung:

„Die Tätigkeit des FFD läuft den Strafgesetzen zuwider und richtet sich gegen die verfassungsmäßige Ordnung im Sinne des Art. 9 Abs. 2 GG und des § 3 Abs. 1 Satz 1 Vereinsgesetz (...)

Der Text der Flugschrift zielt im Wesentlichen darauf ab, die in der Bundesrepublik lebenden Ausländer in hetzerischer Weise zu diskriminieren und zu Gewalt- oder Willkürmaßnahmen gegen sie aufzufordern (...)

Die politischen Einzelforderungen des FFD, insbesondere im Ausländerbereich, können nur im Zusammenhang mit seiner aus rassistischen und menschenverachtenden Grundeinstellung herrührenden Entschlossenheit zur Bekämpfung des Systems der Bundesrepublik Deutschland, welches die verfassungsmäßige Ordnung darstellt, gesehen und gewertet werden. Seine Äußerungen zeugen von einem fortlaufenden Bemühen, die Ordnung zu untergraben (vgl. Beschluss des BVerwG vom 25.03.1993, ER 301.92 S. 16)."

***„Wiking Jugend e. V." (WJ)***
Verbot durch den BMI am 10.11.1994
- unanfechtbar seit dem 13.04.1999

Auszug aus der Verbotsverfügung:

„Die WJ richtet sich gegen die verfassungsmäßige Ordnung im Sinne des Art. 9 Abs. 2 GG i.V.m. § 3 Abs. 1 VereinsG (...) Die WJ verfolgt das Ziel, mit ihrer Tätigkeit diese Ordnung fortlaufend zu untergraben und letztendlich zu beseitigen. Dies ergibt sich schon ohne weiteres aus dem Umstand, dass die WJ in Programm, Vorstellungswelt und

Gesamtstil eine Wesensverwandtschaft mit der früheren NSDAP und ihrer Teilorganisation ‚Hitlerjugend' (HJ) aufweist (...)

In der WJ erfolgt dementsprechend die Vermittlung der nationalsozialistischen Weltanschauung bzw. nationalsozialistischer Prinzipien mit dem Ziel, das derzeitige ‚System' durch den nationalsozialistischen Staat zu ersetzen."

***„Freiheitliche Deutsche Arbeiterpartei" (FAP)***

Verbot durch den BMI am 22.02.1995

- unanfechtbar seit dem 21.12.1995

Auszug aus der Verbotsverfügung:

„Die am 17. März 1979 gegründete FAP ist trotz ihrer Bezeichnung nach den Feststellungen des Bundesverfassungsgerichts keine Partei i. S. von Art 21 GG, § 2 Abs. 1 ParteienG (...)

In den Äußerungen führender Funktionäre der FAP wird dem Sprachgebrauch der Nationalsozialisten entsprechend eine ‚Machtübernahme' angekündigt. Politisch Andersdenkende werden als ‚Feinde' der FAP bezeichnet, die nach der ‚Machtübernahme' zu erschießen seien. Auf diese Weise werden bei Mitgliedern und Anhängern der FAP Ressentiments erzeugt und Hassgefühle aufgebaut (...)

‚Wehe, es kommt eines Tages anders, dann werden wir genau das durchsetzen, was Adolf HITLER 1933 versäumt hat, wir werden erst mal einen Teil der Bourgeoisie an die Wand stellen ...'

(Referat Busse am 23.09.1989 anläßlich der Gründung des FAP-Landesverbandes Bayern in Nürnberg).

Der Nationalsozialismus ist für die FAP auf dem Weg zur ‚Machtübernahme' und die Zeit danach alleiniger Maßstab."

*Nationale Liste" (NL)*
Verbot durch die Behörde für Inneres der Freien und Hansestadt Hamburg am 23.02.1995
- unanfechtbar seit dem 15.07.1998

Auszug aus der Verbotsverfügung:

> „Die NL strebt eine Beseitigung des Grundgesetzes an. Das ist im Zusammenhang mit der Wiederherstellung der deutschen Einheit deutlich geworden. Die NL hat immer wieder die Verfassungsrevision im Wege von Art. 146 GG gefordert und einen Beitritt der neuen Länder abgelehnt. ‚Nicht BRD, nicht DDR – wir wollen das Reich!' (...)
>
> Die NL strebt eine staatliche Ordnung an, die wesentlichen Anforderungen der freiheitlichen demokratischen Grundordnung widerspricht. Das von der NL geforderte Reich soll in seiner Struktur eine Fortsetzung des Dritten Reichs unter Adolf Hitler sein (...)
>
> Die NL sieht in Hitler dagegen das rechtmäßige Staatsoberhaupt und verurteilt deswegen den Widerstand vom 20.07.1944."

***„Direkte Aktion/Mitteldeutschland" (JF) hervorgegangen aus dem „Förderwerk Mitteldeutsche Jugend" (FMJ)***
Verbot durch das Ministerium des Innern des Landes Brandenburg am 05.05.1995
- unanfechtbar seit dem 08.08.1996

Auszug aus der Verbotsverfügung:

> „Seit ihrem Bestehen bekennt sich die JF zu maßgeblichen Repräsentanten des NS-Systems, darunter vor allem zu Adolf Hitler, zu Josef Goebbels und zu Rudolf Heß (...)
>
> Die aggressive Agitation der JF gegen Ausländer, Asylbewerber und Angehörige von Minderheitengruppen, die diese Personen unterschiedslos diffamiert und ausgrenzt, missachtet so in eklatanter Weise das Grundrecht auf Achtung und Menschenwürde dieser Gruppen (...)
>
> Die JF lehnt die freiheitliche, demokratische Grundordnung ab, agitiert gegen staatliche Institutionen und deren Repräsentanten und kämpft so für deren Beseitigung. Die JF verfolgt ihre Ziele in aktiv-kämpferischer, aggressiver Form."

***„Skinheads Allgäu"***
Verbot durch das Bayerische Staatsministerium des Innern am 22.07.1996
- unanfechtbar seit dem 04.08.1999

Auszug aus der Verbotsverfügung:

„Der Vereinszweck wird wie folgt beschrieben (§ 1 der Satzung):

(1) Der Verein hat den Zweck, die Skinhead-Kultur zu pflegen. Dies beinhaltet die Musik, Kleidung und das Auftreten nach außen. Außerdem soll er die Kameradschaft und Geselligkeit unter den Mitgliedern fördern. (...)

Angesichts der rechtsextremistischen Gesinnung, die die Vereinsmitglieder auszeichnet, dem Verhalten, das sie als Angehörige der Allgäuer Skinheadszene an den Tag gelegt haben sowie den allgemeinen Erkenntnissen über rechtsextremistische Skinheads steht fest, dass die ‚Pflege der Skinhead-Kultur' mit extremistischen, rassistischen und den Strafgesetzen zuwiderlaufenden Handlungsweisen verbunden ist und Zwecke und Tätigkeit des Vereins damit gegen die in Art. 9 Abs. 2 GG genannten Rechtsgüter gerichtet sind. (...)

Bei rechtsextremistischen Skinheads wie den Vereinsangehörigen kommt die Zielsetzung hinzu, gegen bestimmte Gruppen, die Feindbilder repräsentieren, vorzugehen. Bevorzugte Feindbilder sind sog. ‚Linke', Ausländer sowie Personen jüdischer Abstammung. Es herrscht die Ansicht vor, dass andere Rassen minderwertig seien, ausländische Arbeitnehmer, Asylbewerber und Aussiedler vor den Deutschen bevorzugt würden und eine Vermischung zwischen Deutschen und Ausländern verhindert werden müsse. Teilweise wird mit rassistischen Organisationen, wie z.B. Ku-Klux-Klan, sympathisiert."

### *„Kameradschaft Oberhavel"*

Verbot durch das Ministerium des Innern des Landes Brandenburg am 14.08.1997

- unanfechtbar seit dem 28.10.1999

Auszug aus der Verbotsverfügung:

„Die vereinsinternen Treffen dienen nicht in erster Linie der Geselligkeit, sondern zielen darauf ab, die Mitglieder mit der vereinsspezifischen rechtsextremistischen Ideologie zu indoktrinieren (...)

Die ‚Kameradschaft Oberhavel' richtet sich gegen die verfassungsmäßige Ordnung im Sinne des Art. 9 Abs. 2 GG und des § 3 Abs. 1 Satz 1 VereinsG (...)

Die ‚Kameradschaft Oberhavel' lehnt die freiheitliche demokratische Grundordnung ab, agitiert gegen staatliche Institutionen sowie deren Repräsentanten und kämpft so für die Beseitigung der Grundrechte (...)

Die Agitation der ‚Kameradschaft Oberhavel' gegen Ausländer, Asylbewerber und Deutsche ausländischer Herkunft, die auf deren Diffamierung und Ausgrenzung abzielt, belegt, dass die ‚Kameradschaft Oberhavel' das Grundrecht auf Achtung und Menschenwürde missachtet und sich ihr Wirken gegen den Gedanken der Völkerverständigung richtet und damit das friedliche Zusammenleben der Völker stört (...)"

### *Hetendorfer Vereine „Heide-Heim e. V."/„Heideheim e. V."*

Verbot durch das Niedersächsische Innenministerium am 09.02.1998

- unanfechtbar seit dem 29.03.2000

Auszug aus der Verbotsverfügung:

„Der ‚Heide-Heim e.V.' und der ‚Heideheim e.V.' verfolgen das Ziel, mit ihrer Tätigkeit die verfassungsmäßige Ordnung fortlaufend zu untergraben und letztendlich zu beseitigen. Die Tätigkeit dieser Vereinigungen beinhaltet dabei zum einen die gezielte Bereitstellung von Treff- und Veranstaltungsmöglichkeiten für andere rechtsextremistische bzw. neonazistische Gruppierungen, zum anderen (insbesondere nach den Verboten in Hetendorf bisher tagender neonazistischer Organisationen) gegenwärtig vorrangig die Planung, Organisation und Durchführung einer rechtsextremistischen Gemeinschaftsveranstaltung, der Hetendorfer Tagungswoche, bei der im Wesentlichen rassistische Auffassungen indoktriniert, die Vernichtung der Juden im nationalsozialistischen 3. Reich geleugnet und die Überwindung der verfassungsmäßigen Ordnung auch mit ‚kämpferischen' Mitteln propagiert wird. Die Vereinstätigkeit umfasst darüber hinaus das Bekenntnis zum und die Verherrlichung des Nationalsozialismus, die in dieser Begegnungsstätte auch Jugendlichen von überzeugten Nationalsozialisten zielgerichtet vermittelt werden."

### *„Hamburger Sturm"*

Verbot durch die Behörde für Inneres der Freien und Hansestadt Hamburg am 10.08.2000

- unanfechtbar seit dem 06.09.2004

Auszug aus der Verbotsverfügung:

„Der ‚Hamburger Sturm' versteht sich als Teil der neonazistischen ‚Freien Nationalisten'; er richtet sich sowohl an politisch aktive Neonazis als auch an eher unpolitische Skinheads und Hooligans, deren Politisierung durch die Publikation erreicht werden soll (...)

Seit etwa einem Jahr beschränkt sich die Tätigkeit des ‚Hamburger Sturm' nicht mehr nur auf die Erstellung der gleichnamigen Publikation, sondern die Vereinigung tritt unter diesem Namen bzw. unter dem Namen ‚Hamburger Sturm 18' auch in anderer Form in der Öffentlichkeit auf (...)

Der ‚Hamburger Sturm' sieht sich in der Tradition des Nationalsozialismus und verherrlicht den Nationalsozialismus, er vertritt rassistische und ausländerfeindliche Inhalte, macht die demokratische Staatsform verächtlich und weist eine aktiv kämpferische aggressive Haltung gegenüber der bestehenden Gesellschaftsordnung auf."

### *„Blood & Honour – Division Deutschland" (B & H) mit der Jugendorganisation „White Youth"*

Verbot durch den BMI am 12.09.2000

- unanfechtbar seit dem 13.06.2001

Auszug aus der Verbotsverfügung:

> „Nach eigenem Verständnis (‚Blood & Honour'-Mitteilungspapier für Bewerber) versteht sich ‚Blood & Honour' als ‚überparteiliche Skinheadorganisation, die es sich zur Aufgabe gemacht hat, die ‚nationals... sche Weltanschauung auf dem musikalischen Sektor zu verbreiten' (...)
>
> Das Vereinssymbol von ‚Blood & Honour' ist die in altdeutscher Schrift gestaltete Losung ‚Blut und Ehre' der Hitlerjugend in englischer Sprache. Zwischen den Begriffen ‚Blood' und ‚Honour' wird das Wort ‚und' durch das Zeichen ‚&' ersetzt. Zum Teil wird stattdessen auch die Triskele – eine Darstellungsform des Sonnenrades, ähnlich dem Hakenkreuz – verwandt (...)
>
> Sie bekennt sich zu Hitler und anderen führenden Nationalsozialisten, propagiert eine mit dem Diskriminierungsverbot des Art. 3 Abs. 3 des GG unvereinbare Politik und strebt eine Überwindung der verfassungsmäßigen Ordnung an (...)
>
> Nach seinem ‚25-Punkte-Programm' richtet sich ‚Blood & Honour'(...) nach rassistischen Gesichtspunkten aus... Nur Völker, ‚die der weißen Rasse angehören, sind als solche zu respektieren'(...)Deshalb sei die ..., Zusammenarbeit mit ALLEN pro-weißen Organisationen und Gruppierungen weltweit Pflicht'(...)Es gelte: ‚Erst die Rasse, dann die Nation'."

***„Skinheads Sächsische Schweiz" (SSS), („Skinheads Sächsische Schweiz-Aufbauorganisation" (SSS-AO) und „Nationaler Widerstand Pirna" (soweit SSS eine entsprechende Umbenennung vorgenommen hat))***

Verboten durch den Sächsischen Staatsminister des Innern am 03.04.2001

- sofortige Vollziehung angeordnet, Verbot **noch nicht** bestandskräftig

Auszug aus der Verbotsverfügung:

> „Die Zwecke sowie die Tätigkeit der ‚Skinheads Sächsische Schweiz' (SSS) und der ‚Skinheads Sächsische Schweiz-Aufbauorganisation' (SSS-AO) laufen den Strafgesetzen zuwider und richten sich gegen die verfassungsmäßige Ordnung (...)
>
> Der zentrale Zweck des Vereins liegt in der Verfolgung gemeinsamer politischer Ziele: National gesinnte Jugendliche sollen zusammengeführt werden. Sie sollen eine rechtsextremistische Zielrichtung erhalten. Der Zusammenhalt aller nationalistischen Kräfte der Sächsischen Schweiz soll gefördert werden. Das Umfeld soll ‚gesäubert' werden von ‚Zecken', ‚Kiffern' sowie Ausländern, auch unter Einsatz von Gewalt (...)
>
> Die ‚SSS' bekennt sich offen zum Nationalsozialismus und begreift dessen zwölfjährige Schreckensherrschaft als Vorbild und Antrieb für das eigene Handeln."

***„Bündnis nationaler Sozialisten für Lübeck"***

Verboten durch das Innenministerium des Landes Schleswig-Holstein am 07.03.2003

- unanfechtbar seit dem 07.09.2004

Auszug aus der Verbotsverfügung:

> „Die Wählergemeinschaft ‚Bündnis nationaler Sozialisten für Lübeck'(...) richtet sich gegen die verfassungsmäßige Ordnung nach § 3 Abs. 1 VereinsG.
>
> Sie orientiert sich am Nationalsozialismus und vertritt rassistische und ausländerfeindliche Inhalte, sie macht die demokratische Staatsform

verächtlich und zeigt eine aggressiv-kämpferische Haltung gegenüber der bestehenden Gesellschaftsordnung (...)

Ferner wird die Wesensverwandtschaft der Wählergemeinschaft ‚Bündnis nationaler Sozialisten für Lübeck' zum Nationalsozialismus durch den Sprachgebrauch in den Programmen und in Werbematerial, wie z.B. die Verwendung der Begriffe ‚Volksgenossen und Volksgemeinschaft, Volksstaat, Volksherrschaft, Arbeitsdienst, Systemparteien, Volksheer und Volksmiliz' belegt.

Auch die Abkürzung NAZIS in Werbeunterlagen unter vorgeschobener Verwendung von Attributen für die Wählergemeinschaft wie: Natürlich, Attraktiv, Zielstrebig, Innovativ und Selbstbewusst wurde bewusst ausgewählt und zeigt eindeutige Bezüge zum Nationalsozialismus (...)

Die Aussagen des ‚Bündnis nationaler Sozialisten für Lübeck' zur Verwirklichung ihrer Ziele lassen keinen Zweifel an deren Handlungswillen aufkommen. Es wird eine aggressive Sprache verwandt, die die Nachdrücklichkeit der Aussage bestätigt. Die Gesamtbetrachtung – Inhalte der Aussagen (Führerprinzip, Ausländerfeindlichkeit), Sprachgebrauch (Orientierung am NS-Regime, aggressive Ausdrücke) und das äußere Erscheinungsbild der Werbung (Verwendung von NS-Symbolen) bestätigen die aggressiv-kämpferische Haltung und Durchsetzung der Ziele."

### *„Fränkische Aktionsfront" (F.A.F.)*

Verboten durch das Bayerische Staatsministerium des Innern am 22.01.2004

- unanfechtbar seit dem 04.07.2006

Auszug aus der Verbotsverfügung:

„Die F.A.F. bekennt sich zur NSDAP und zu maßgeblichen Repräsentanten des Nationalsozialismus. Sie hält insbesondere ein positives Andenken an Rudolf Heß wach (...)

Neben (...) Aktionen zum Todestag des ‚Märtyrers und Mordopfers' Heß zeigt sich die Fortführung der nationalsozialistischen Tradition durch die F.A.F. beispielsweise durch die Veranstaltung eines Heldengedenkens vor einem Kriegerdenkmal (...) sowie durch das Abhalten von ‚Sonnwendfeiern' (...)

Das Bekenntnis zur NSDAP und zu Hitler zeigt sich ferner darin, dass von Aktivisten/Sympathisanten der F.A.F. nationalsozialistische Parolen wie ‚Sieg Heil' skandiert werden."

### *„Kameradschaft Tor Berlin" (KTB) mit „Mädelgruppe Kameradschaft Tor Berlin"*

Verboten durch die Berliner Senatsverwaltung für Inneres am 09.03.2005

- unanfechtbar seit 11.03.2008

Auszug aus der Verbotsverfügung:

„Ein Artikel auf der Website der ‚KTB' im November 2003 endete mit den Worten: ‚Die einzige Alternative ist jedoch ein nationaler Sozialismus' (...)

Die ‚KTB' und ihre ‚Mädelgruppe' lassen durch ihre Aktivitäten erkennen, daß sie über eine ‚positive' Einstellung zum ‚Dritten Reich' und dessen Protagonisten verfügen. Die ‚KTB' und ihre ‚Mädelgruppe' glorifizieren kontinuierlich Adolf Hitler, Rudolf Heß und Horst Wessel (...)

Die ‚KTB' ist antisemitisch und schürt Feindschaft gegenüber Juden (...)

Die ‚KTB' und ihre ‚Mädelgruppe' betreiben ‚Anti-Antifa'-Aktivitäten und kämpfen in aggressiver Weise gegen den Staat und politische Gegner. Sie versuchen politische Gegner unter Druck zu setzen und ein Klima der Einschüchterung und der Angst zu erzeugen. In Rhetorik, Symbolik und Aktionen verdeutlichen sie kontinuierlich einen kämpferischen Impetus und Gewaltbereitschaft."

### *„Berliner Alternative Süd-Ost" (BASO)*

Verboten durch die Berliner Senatsverwaltung für Inneres am 09.03.2005

- unanfechtbar seit 07.02.2008

Auszug aus der Verbotsverfügung:

„Die ‚BASO'-Mitglieder bezeichnen sich selbst als Nationalsozialisten und verwenden Symbole und Begriffe des Nationalsozialismus (...)

Die ‚BASO' lehnt die freiheitliche demokratische Grundordnung der Bundesrepublik Deutschland ab, agiert gegen staatliche Institutionen sowie deren Repräsentanten und kämpft so für die Beseitigung jener Grundordnung (...)

Die ‚BASO' vertritt ihre politische Zielrichtung aktiv-kämpferisch (...) Auf oder im Umfeld der von ihr veranstalteten Demonstrationen wurde ein kämpferischer Impetus deutlich, der durch ‚BASO'-Mitglieder und anderen Neonazis ausging, und es wurden auch Straftaten begangen (...)."

***„Kameradschaft Hauptvolk" mit Jugendorganisation „Sturm 27"***
Verbot durch das Innenministerium des Landes Brandenburg am 12.04.2005

- unanfechtbar seit 03.06.2005

Auszug aus der Verbotsverfügung:

„Die Gruppierung ‚Hauptvolk' wird durch das im Neonazismus weitverbreitete Konzept des ‚leaderless resistance' geprägt. Dabei handelt es sich um eine Organisationsform, die möglichst wenig formale Ansatzpunkte für Vereinsverbote oder andere staatliche Maßnahmen bieten soll. Zu einem konspirativen Verhalten werden die Mitglieder des ‚Hauptvolk' auch in der dem ‚Hauptvolk' zuzurechnenden Publikation ‚Nationaler Beobachter, Informationsblatt für das Havelland und die Region Potsdam-Mittelmark' (...) aufgefordert (...)

Maßgeblich in den Überfremdungsphantasien der Mitglieder des Vereins ‚Hauptvolk' ist der Antisemitismus; in engster Anlehnung an nationalsozialistische Propaganda wird den Juden ein parasitäres Dominanzstreben unterstellt (...)

Das ‚Hauptvolk' war im Bundesgebiet, insbesondere aber auch in Brandenburg Veranstalter und Organisator einer Vielzahl von typischen neonazistischen Veranstaltungen und Aktivitäten, die seine Wesensverwandtschaft zum Nationalsozialismus belegen."

***„ANSDAPO"***

Verbot durch das Innenministerium des Landes Brandenburg am 14.07.2005

- unanfechtbar seit 19.03.2008

Auszug aus der Verbotsverfügung:

„Der Verein ‚ANSDAPO' weist eine Wesensverwandtschaft mit dem Nationalsozialismus auf. Der Verein orientiert sich in seiner äußeren Form und in seinem Sprachgebrauch am Nationalsozialismus. Bereits die Namensgebung ‚ANSDAPO' weist unverkennbar auf die Nähe zur ‚Nationalsozialistischen Deutschen Arbeiterpartei' (NSDAP) sowie zur NSDAP Auslandsorganisation (NSDAP (AO)) und zur NSDAP Auslands- und Aufbauorganisation (NSDAP/AO) hin. Das Bekenntnis zum Wieder-Aufbau der verbotenen NSDAP ist für die Mitglieder der ‚ANSDAPO' das A und O ihres politischen Handelns (...)

Die ‚ANSDAPO' war in Berlin und Brandenburg Veranstalter, ihre Mitglieder waren Besucher von neonazistischen Veranstaltungen und Aktivitäten, wie Skinheadkonzerten, die ihre Wesensverwandtschaft zum Nationalsozialismus belegen (...)

Der Verein richtet sich mit seinen Aktivitäten auch gegen den Gedanken der Völkerverständigung. Denn Vereinsziele, die in dem Auftreten und Verhalten ihrer Mitglieder einer Diskriminierung – hier etwa ‚die Juden' – erkennen lassen, nehmen für ‚ihre' ethnische Gruppe eine Vorrangstellung in Anspruch, die nicht mit dem Gedanken der Völkerverständigung in Einklang zu bringen ist. Dies wird auch durch die Äußerungen in der Publikation ‚Kampfruf' belegt, die eine Neuordnung des europäischen Lebensraums beschreibt, ‚um dem deutschen Volk einen ausreichenden Lebensraum zu erkämpfen.'"

***„Schutzbund Deutschland"***

Verboten durch das Innenministerium des Landes Brandenburg am 26.06.2006, Vollzug am 04.07.2006

- unanfechtbar seit 04.07.2008

Auszug aus der Verbotsverfügung:

„Die Tätigkeit des Vereins ‚Schutzbund Deutschland' richtet sich gegen die verfassungsmäßige Ordnung (...), denn er weist eine Wesensverwandtschaft zum Nationalsozialismus auf und will wie dieser die verfassungsmäßige Ordnung fortlaufend untergraben. Deutlich sichtbar wird dies im Verbreiten an nationalsozialistischer Propaganda angelehnten Schriftguts (...) Der ‚Schutzbund Deutschland' nennt politische Forderungen, Begriffe und Parolen, die in politischen Zusammenhängen gesehen dem Nationalsozialismus entsprechen oder diesem zuzuordnen sind (...)

Der ‚Schutzbund Deutschland' fördert eine Stimmung, die den geistigen Nährboden für eine Bereitschaft zu Exzessen gegenüber ‚Nicht Deutschen' bereitet. Deutlich wird dies etwa dadurch, dass ein Flyer des ‚Schutzbundes Deutschland' bei einer Person gefunden wurde, die (...) am 28. April 2005 mit anderen Personen zusammen einen Deutschen marokkanischer Abstammung u. a. als ‚Scheiß Neger' beschimpft und den Hitlergruß skandiert haben [soll] (...)

Programmatisch knüpft der ‚Schutzbund Deutschland' an das 25-Punkte-Programm der NSDAP von 1920 an, teilweise werden Formulierungen fast wortgleich verwendet (...) Sowohl die Mittel des ‚Schutzbundes Deutschland' – die von nationalsozialistischem Gepräge beherrschten Bilder – als auch seine Methoden zur Propaganda – das Verteilen von hetzerischen Flugblättern – entsprechen dem Vorgehen der Nationalsozialisten in den Dreißigerjahren: Dem massiven Vorgehen zur Diskreditierung von Personengruppen und demokratischen Grundregeln. Die Gesamtheit rechtsstaatlicher Institutionen wird durch die Kampagnen des Vereins verunglimpft: An die Stelle des demokratischen Rechtsstaats soll stattdessen eine Willkürherrschaft, eine neue Ordnung treten."

### *„Sturm 34"*

Verbot durch das Innenministerium des Landes Sachsen am 26.04.2007

- unanfechtbar seit 26.05.2007

Auszug aus der Verbotsverfügung:

„Die Wesensverwandtschaft der Kameradschaft ‚Sturm 34' mit dem Nationalsozialismus ist belegbar. Sie kommt deutlich mit der Verwendung von Begriffen und Symbolen zum Ausdruck. (...)

Eine rassistische und ausländerfeindliche Haltung der Mitglieder der Kameradschaft ‚Sturm 34' kommt in deren erklärtem Ziel, eine ‚natio-

> nal befreite Zone' zu schaffen und dabei u. a. gegen Ausländer in ihrer Umgebung vorgehen zu wollen, zum Ausdruck. (...) Die Kameradschaft (...) vertritt ihre politischen Ziele aktiv kämpferisch. (...)
>
> (Sie) hat (...) damit begonnen, die vorgenannten politischen Ziele mit Gewalt, die als einzig probates Mittel deklariert wird, zu erreichen. (...) Die strafrechtlichen Handlungen der Mitglieder der Kameradschaft (...) stehen im Zusammenhang mit der Tätigkeit im Verein und seiner Zielsetzung, weshalb (...) anzunehmen ist, dass sie vom Verein nicht nur geduldet, sondern sogar gefördert werden."

### *„Collegium Humanum" (CH) mit „Bauernhilfe e. V."*

Verbot durch das Bundesministerium des Innern am 07.05.2008

- sofortige Vollziehung angeordnet, Verbot noch nicht bestandskräftig

Auszug aus der Verbotsverfügung:

> „Der satzungsmäßige Vereinszweck ‚Bildungsarbeit' besteht tatsächlich in prägender Weise in der Verbreitung revisionistischer, den Holocaust leugnender Propaganda, die gem. § 130 Abs. 3 und 5 StGB strafbar ist. (...) Die Vorsitzende des CH und andere Vereinsmitglieder leugnen systematisch den Holocaust und betätigen sich damit volksverhetzend gem. § 130 Abs. 3 und 5 StGB (...). Die Straftaten sind dem CH zuzurechnen (...) und prägen den Charakter des Vereins (...).
>
> Das CH richtet sich in diesem Sinne gegen die verfassungsmäßige Ordnung, da die Organisation die verfassungsmäßige Ordnung der Bundesrepublik Deutschland grundlegend ablehnt (...), die Verbrechen des Nationalsozialismus hartnäckig leugnet (...), sich zu maßgeblichen Repräsentanten des Nationalsozialismus bekennt (...), Begriffe des Nationalsozialismus verwendet (...), die NS-Zeit als vorbildhaft darstellt (...), einen rassistischen, insbesondere antisemitischen Fremdenhass propagiert (...), revisionistische und neonazistische Aktivisten propagandistisch unterstützt (...) und eine aktiv kämpferische Haltung gegenüber der verfassungsmäßigen Ordnung einnimmt (...)."

***„Verein zur Rehabilitierung der wegen Bestreitens des Holocaust Verfolgten" (VRBHV)***
Verbot durch das Bundesministerium des Innern am 07.05.2008
▪ unanfechtbar seit 08.06.2008

Auszug aus der Verbotsverfügung:

> „Der vom Verein angestrebte strafwidrige Zweck ergibt sich schon aus dem Vereinsnamen. Er folgt weiterhin daraus, dass die Tätigkeiten vor allem auf die Verbreitung revisionistischer und volksverhetzender – den Holocaust leugnender – Propaganda zielen, die gemäß § 130 StGB strafbar ist. (...)
>
> Holocaustleugnung als Zweck und Tätigkeit des VRBHV ist das insoweit konsequente Ergebnis eines Zusammenschlusses von Personen, die in ihren Biographien schon vor Vereinsgründung diesen Straftatbestand wiederholt und zum Teil mit weltweiter Resonanz verwirklicht haben und die deswegen zum Teil mehrfach verurteilt wurden. (...)
>
> Der frühere Vorsitzende des VRBHV und andere Vereinsmitglieder stacheln zum Hass gegen die jüdische Bevölkerung auf, leugnen systematisch den Holocaust und verstoßen damit gegen § 130 StGB. Die Straftaten von Mitgliedern und Vereinsfunktionären sind für den Charakter des VRBHV prägend. (...)
>
> Der VRBHV richtet sich gegen die verfassungsmäßige Ordnung, da er in Programm, Vorstellungswelt und Gesamtstil eine Wesensverwandtschaft mit dem Nationalsozialismus aufweist. (...)"

## Einzelentscheidungen zu §§ 86, 86a StGB und § 20 VereinsG

*Abbildungen (Kopfbild) und Büsten von Adolf Hitler (**strafbar nach §§ 86 Abs. 1 Nr. 4, 86a StGB**)*

Ein häufig von nationalsozialistischen Organisationen verwendetes Kennzeichen ist das Kopfbild Hitlers. Das Bild Hitlers wurde zu Zeiten der NSDAP der Bevölkerung ständig vor Augen gebracht. Es war daher das eindeutigste Sinnbild für die NSDAP und ihre Organisationen. Die Verbreitung des Kopfbildes Hitlers in einer Zeitschrift mit rechtsextremistischen Tendenzen ist nach § 86a StGB strafbar; die

Strafbarkeit hängt nicht von dem Nachweis einer mit der Verwendung verbundenen verfassungsfeindlichen Absicht ab.

*Sogenannte Reichskriegsflagge*

Die Führung der „Reichskriegsflagge" erfüllt weder einen Tatbestand des Strafgesetzbuches noch des Ordnungswidrigkeitengesetzes. Dennoch kann die „Reichskriegsflagge" nach allgemeinem Polizei- und Ordnungsrecht dann sichergestellt werden, wenn dies in konkreten Einzelfällen die erforderliche, geeignete und verhältnismäßige Maßnahme ist, um konkrete Gefahren für die öffentliche Sicherheit und Ordnung abzuwehren. Das ist z. B. dann der Fall, wenn die Flagge Kristallisationspunkt einer konkret drohenden Gefahr ist und diese sich dadurch beheben lässt. Die Verwendung und Verbreitung der Reichskriegsflagge von 1935–1945 ist jedoch gem. §§ 86, 86a, StGB strafbar.

*Vorkonstitutionelle Schriften i. S. v. § 86 Abs. 2 StGB*

Bei dem vor 1945 erschienenen Buch „Mein Kampf" von Adolf Hitler handelt es sich um eine vorkonstitutionelle Schrift, aus deren unverändertem Inhalt sich eine Zielrichtung gegen die in der Bundesrepublik Deutschland erst später verwirklichte freiheitliche demokratische Grundordnung noch nicht ergeben konnte.

§ 86 StGB ist hier nicht anwendbar, auch wenn eine Bekämpfung der Verfassungsordnung unter Verwendung solcher Schriften möglich ist. In einem solchen Fall ist aber zu prüfen, ob der Straftatbestand der Volksverhetzung (§ 130 Abs. 2 Nr. 1 StGB) anzuwenden ist.

*Öffentliches Verwenden i. S. v. § 86a StGB*

Ein öffentliches Verwenden liegt nicht vor, wenn das Kennzeichen nach außen nicht in Erscheinung tritt. Hierzu zählt der Fall eines Hitlerbildes im Innern zweier geschlossen zum Verkauf ausgelegter Bücher „Mein Kampf". Die ihnen eigene Signalwirkung in der Öffentlichkeit kommt nicht zum Tragen, weil das Kennzeichen erst beim Aufblättern eines wenn auch jedermann zugänglichen Buches entdeckt werden kann.

Gleiches gilt, wenn eine Armbinde des deutschen Volkssturms im Schaufenster eines Antiquitätengeschäfts so ausgestellt wird, dass die auf ihr befindlichen Hakenkreuze nicht sichtbar sind. Auch in diesem Fall liegt kein Verwenden i.S.d. §86a StGB vor.

*Verbreiten i. S. v. §86a StGB*
Verbreiten im Sinne des §86a StGB bedeutet, dass die Kennzeichen einem größeren Personenkreis zugänglich gemacht werden, wobei es genügt, wenn das Kennzeichen einer Person überlassen wird und der Täter mit der Weitergabe an eine größere, nicht mehr zu kontrollierende Zahl von Personen rechnet.

Dies ist nicht der Fall, wenn die Kennzeichen lediglich an ein Auktionshaus übergeben werden, das es auftragsgemäß an einen Ersteigerer weitergibt.

*Kurzfristiges Ausstellen von Uniformstücken*
Das kurzfristige Ausstellen von Uniformstücken und anderen mit NS-Emblemen versehenen Gegenständen begründet nicht in jedem Fall eine Strafbarkeit nach §86a StGB. Hierfür kommt es auf eine den Gesamtcharakter würdigende Einzelfallprüfung an.

*Antiquarischer Handel mit einem in der NS-Zeit gedruckten Buch (mit eingeprägtem NS-Emblem auf dem Einband)*
Von der Sozialadäquanzklausel des §86a Abs. 3 StGB i.V.m. §86 Abs. 3 StGB – und damit straflos – erfasst ist auch der antiquarische Handel mit einem einzelnen in der NS-Zeit gedruckten Buch, das heute in erster Linie als Mittel der Unterrichtung über Wesen und Programm des Nationalsozialismus dienen kann, auch wenn auf einem solchen Buch das Hakenkreuz als dessen ursprünglicher Bestandteil vorhanden ist und so bei der Verkaufsauslage gezeigt wird.

*Keltenkreuz als Symbol der verbotenen „Volkssozialistischen Bewegung Deutschlands / Partei der Arbeit“ (VSBD/PdA)*
Die Embleme der VSBD/PdA sind denen der NSDAP nachempfunden. Die Fahne der verbotenen Organisation gleicht der Hakenkreuzfahne, wobei das Hakenkreuz durch ein im weißen Kreis stehendes Keltenkreuz ersetzt wurde. Lange Zeit galt das Keltenkreuz nur dann als strafbar, wenn das zur Schau gestellte Kennzeichen dem

von der VSBD/PdA verwendeten Kennzeichen zum Verwechseln ähnlich war. So hatte das Bayerische Oberste Landgericht (BayObLG) entschieden, dass es sich bei dem Keltenkreuz um ein im westeuropäischen Kulturraum seit Jahrhunderten gebrauchtes, auf den keltischen Volksstamm zurückzuführendes Symbol handelt. Es wecke beim Durchschnittsbetrachter keine gedanklichen Assoziationen an die nur vorübergehend aktive, unbedeutende VSBD/PdA, im Gegensatz zum im Bewusstsein der Bevölkerung als Kennzeichen der NS-Herrschaft fest verankerten Hakenkreuz.

Anders hingegen urteilte der Bundesgerichtshof (BGH) in einer Entscheidung im Rahmen eines Vorlageverfahrens. Er entschied, dass die öffentliche Verwendung des stilisierten Keltenkreuzes im Grundsatz auch dann den Straftatbestand des Verwendens von Kennzeichen verfassungswidriger Organisationen gem. § 86a StGB erfüllt, wenn das Symbol isoliert, mithin ohne konkreten Hinweis auf die verbotene VSBD/PdA verwendet wird. Eine solche Einengung des Straftatbestandes liefe dem weitgespannten Schutzzweck des § 86a StGB zuwider und böte insbesondere Anhängern der VSBD/PdA die Möglichkeit, das stilisierte Keltenkreuz wieder als Symbol der verbotenen Vereinigung im öffentlichen Leben zu etablieren. Dieser Gefahr müsse durch ein generelles Verbot der öffentlichen Verwendung des Kennzeichens begegnet werden. Ausnahmen von diesem Grundsatz gelten nur dann, wenn die äußeren Umstände der Verwendung des Symbols eindeutig ergeben, dass der Schutzzweck des § 86a StGB nicht tangiert, also das Symbol offenkundig in einem unverfänglichen Zusammenhang gebraucht wird.

*Keltenkreuz im T-Shirt-Aufdruck*

Das Landgericht München hatte entschieden, dass durch das Tragen eines T-Shirts mit der Abbildung eines „Nordischen Kämpfers“ und einem Grabstein mit Keltenkreuz sowie der Aufschrift „LEVER DOD ALS SLAV“ nicht ein Kennzeichen einer verbotenen Vereinigung verwendet worden ist.

Im Revisionsverfahren bestätigte der BGH diese Entscheidung. Dazu führte er aus:

> „Die Abbildung erfüllt nicht die Voraussetzungen eines Kennzeichens i.S.d. §86a Abs. 1 Nr. 1 StGB. Sie enthält die realistische Darstellung eines Grab- oder Gedenksteins, wie er im westeuropäischen Bereich noch mitunter anzutreffen ist. In dieser Form wurde das Keltenkreuz von der verbotenen ‚Volkssozialistischen Bewegung Deutschlands/Partei der Arbeit' (VSBD/PdA) nicht verwandt; sie benutzte eine stilisierte schwarze Darstellung auf weißem Grund. Die Abbildung ist nicht geeignet, einem unbefangenen Dritten den Eindruck eines Erkennungszeichens der verbotenen VSBD/PdA zu vermitteln. Anders als dies etwa bei den geläufigen Kennzeichen der NS-Herrschaft der Fall ist, wurde hierdurch die Bedeutung dieses hergebrachten Symbols nicht so nachhaltig geprägt, dass es noch heute auch in verfremdeter Form als Kennzeichen dieser Organisation verstanden würde."

Das LG Heidelberg vertritt die Auffassung, dass das stilisierte Keltenkreuz der VSBD/PdA zu einem verbotenen Kennzeichen nur in Verbindung mit einem konkreten Hinweis auf diese Organisation werden kann.

*Obergauarmdreieck*

Bei dem genannten Emblem handelt es sich um Nachbildungen von sogenannten Obergauarmdreiecken des „Bundes Deutscher Mädel" (BDM).

Bei einer Entscheidung des Bayerischen Obersten Landgerichts (BayObLG) im Jahre 1998 handelte es sich nicht um exakte Nachbildungen des Obergauarmdreiecks, sondern es bestanden demgegenüber Unterschiede, u. a. hinsichtlich der Umrandung und des zweizeiligen Aufdrucks. Das Gericht kam zu der Auffassung, dass eine Strafbarkeit nur in Betracht kommt, wenn ein unbefangener Dritter es ohne weiteres für das Kennzeichen einer verfassungswidrigen Organisation halten kann. Es gelangte zu dem Schluss, dass im vorliegenden Fall keine Strafbarkeit gegeben sei.

Nach verschiedenen Gerichtsentscheidungen zu dieser Problematik hat der BGH im Juli 2002 entschieden, dass ein Kennzeichen dem Originalabzeichen einer verfassungswidrigen Organisation „zum Verwechseln ähnlich" i.S.d. §86a Abs. 2 Satz 2 StGB ist, wenn es aus Sicht eines nicht besonders sachkundigen und nicht genau prüfenden Betrachters die typischen Merkmale aufweist, die das äußere Erscheinungsbild des Kennzeichens einer der in § 86 Abs. 1 Nr. 1, 2 und 4 StGB bezeichneten Parteien oder Vereinigungen prägen, und dadurch dessen Symbolgehalt vermittelt. Für die Beurteilung der Verwechselungsgefahr komme es nicht darauf an – so der BGH weiter – dass das Original einen gewissen Bekanntheitsgrad als Symbol einer verfassungswidrigen Organisation habe.

Damit ist nunmehr höchstrichterlich entschieden, dass auch das Tragen der oben genannten Ärmelaufnäher in Form von „Armdreiecken“ nach § 86a StGB bestraft werden kann.

### *Totenkopfsymbol*

In einer Anzeige einer durch das „ Bündnis Rechts“ herausgegebenen Zeitschrift war ein Ärmelaufnäher mit der Abbildung eines Totenkopfes abgedruckt. Dieser verkörpert nach einem Urteil des Landgerichts Lübeck als Uniformabzeichen der SS-Verbände der NSDAP ein Symbol einer verbotenen Organisation und stellt somit ein Kennzeichen im Sinne von § 86a Abs. 1 StGB dar. Der Totenkopf zeigt angedeutete Schädelnähte, einen stark ausgeprägten Kiefer mit zwei vollständigen großen Zahnreihen, Schädelöffnungen im Bereich der Ohren sowie hinter dem Kiefer eng aneinanderliegende gekreuzte Knochen. Das Landgericht Lübeck widersprach mit seiner Entscheidung der Einlassung des angeklagten verantwortlichen Redakteurs, wonach es sich bei dem abgebildeten Totenkopf nicht um ein besonderes Abzeichen der SS handele. Das Gericht stellte fest, dass das in der Anzeige veröffentlichte Totenkopfsymbol dem Uniformabzeichen der SS-Verbände der NSDAP, das sich auf jeder Kopfbedeckung und teilweise auch am rechten Kragenspiegel der Uniformen der SS-Verbände befand, zum Verwechseln ähnlich sieht.

### *Lebensrune*

Nicht jedes von einer verfassungswidrigen Organisation benutzte Zeichen ist ein Kennzeichen im Sinn des § 86a StGB. Diese Eigenschaft kommt gemäß einer Entscheidung des Bayerischen Obersten Landgerichts (BayObLG) aus dem Jahr 1998 bei körperlichen Gegenständen nur solchen Symbolen zu, die bei einem unbefangenen

Dritten den Eindruck erwecken, es handele sich um das charakteristische Erkennungszeichen einer bestimmten, dem Betrachter als solche bekannten verfassungswidrigen Organisation. Manche der damals benutzten Zeichen wurden schon vor und auch noch nach der NS-Herrschaft mit gleichem oder ähnlichem Symbolgehalt verwendet, ohne irgendeinen Bezug zu einer verbotenen Organisation zu haben. Dies gilt auch für die Lebensrune. Sie befindet sich in Traueranzeigen und auf Grabsteinen. Auf Radio und Fernsehgeräten kennzeichnet sie die Eingangsbuchse für die Antenne. Schon diese wenigen Beispiele zeigten, dass die Verwendung des bloßen Symbols ohne konkreten Hinweis auf eine nazistische Organisation noch nicht geeignet ist, bei einem unbefangenen Dritten den Eindruck zu erwecken, es handele sich um das Erkennungszeichen der verbotenen SA.

*Odalrune*

Die nach § 86a StGB oder § 20 Abs. 1 Nr. 5 VereinsG strafbare Verwendung eines Kennzeichens liegt nicht vor, wenn das Kennzeichen der verbotenen Vereinigung durch eine geringfügige Veränderung die Gestalt eines Zeichens annimmt, das von legalen Vereinigungen oder Institutionen benutzt und vom unbefangenen Betrachter diesen zugeordnet wird. Ein Beispiel hierfür ist die von der verbotenen „Wiking Jugend e.V" verwendete Odalrune, die dem von der Bundeswehr verwendeten Kopfwinkel ähnlich sieht. Mit dem Tragen der Odalrune wird aufgrund der geringen Unterscheidung zum Kopfwinkel der Bundeswehr nicht das Kennzeichen einer verbotenen Vereinigung öffentlich verwendet.

*Parole „Ruhm und Ehre der Waffen-SS"*

Der Bundesgerichtshof (BGH) entschied am 28. Juli 2005, der Gebrauch der Losung „Ruhm und Ehre der Waffen-SS" stelle kein Verwenden von Kennzeichen ehemaliger nationalsozialistischer Organisationen nach § 86 a StGB dar. Diese Parole sei im Wortlaut von keiner dieser Organisationen gebraucht worden. Eine Bestrafung nach dieser Vorschrift könne zwar auch dann erfolgen, wenn sie der Parole einer NS-Organisation zum Verwechseln ähnlich wäre. Eine hinreichende Ähnlichkeit sei aber weder mit der Originalparole der Waffen-SS („Meine/Unsere Ehre heißt Treue“) noch mit der der Hitlerjugend („Blut und Ehre“) gegeben.

Die Angeklagten hatten die Parole „Ruhm und Ehre der Waffen-SS“ im Oktober 2001 verwendet. Da eine strafrechtliche Ahndung nach § 86a StGB im verhandelten Fall nicht in Betracht kam, hat der BGH die Angeklagten freigesprochen.

Das Bundesjustizministerium wies anlässlich des oben beschriebenen Urteils darauf hin, dass zukünftig im Fall des Verwendens dieser Parole eine Strafbarkeit nach dem seit 1. April 2005 geltenden § 130 Absatz 4 StGB unter dem Gesichtspunkt der Volksverhetzung in Betracht kommt. Danach macht sich strafbar, „wer öffentlich oder in einer Versammlung den öffentlichen Frieden in einer die Würde der Opfer verletzenden Weise dadurch stört, dass er die nationalsozialistische Gewalt- und Willkürherrschaft billigt, verherrlicht oder rechtfertigt.“

## Kennzeichen ehemaliger nationalsozialistischer Organisationen (Auswahl)

Die nachfolgend aufgeführten Lieder sind Symbole der „Nationalsozialistischen Deutschen Arbeiterpartei“ (NSDAP) und der ihr angeschlossenen Verbände. Ihre Verwendung und Verbreitung sind gemäß §§ 86, 86a StGB strafbar.

### *Parolen und Grußformen*

- „Sieg Heil“ (Parteitags- und Massenparole)
- „Heil Hitler“, „Deutscher Gruß“ oder „Hitler-Gruß“ (Grußform mit ausgestrecktem rechten Arm – auch ohne Worte)
- „Mit deutschem Gruß“
- „Meine Ehre heißt Treue“ bzw. „Unsere Ehre heißt Treue“(Losung der SS)
- „Blut und Ehre“(Losung der HJ)
- „Deutschland erwache“(Losung der NSDAP [SA, SS])
- „Ein Volk, ein Reich, ein Führer“(allgemeine Parteilosung)
- „Rotfront verrecke“

*Lieder*

Die nachfolgend aufgeführten Kampf- und Propagandalieder dienten der Verherrlichung des nationalsozialistischen Systems und seiner Organisationen.

An erster Stelle ist hier ein Kampflied der SA, das sogenannte ***Horst-Wessel-Lied*** („*Die Fahne hoch, die Reihen fest geschlossen...*“) zu nennen, das von der nationalsozialistischen Reichsregierung zur „zweiten Nationalhymne“ bestimmt worden war.

Das Singen dieses Liedes ist wegen seiner Übereinstimmung mit der Ideologie des Nationalsozialismus strafbar. Die Strafbarkeit ist auch dann gegeben, wenn die Melodie des Liedes ohne oder mit anderem Text gespielt wird.

Weitere mit der nationalsozialistischen Ideologie eng verknüpfte und daher unter § 86a StGB fallende Lieder sind beispielsweise:

- **„Vorwärts! Vorwärts!“** („Unsre Fahne flattert uns voran ...“) (Lied der Hitlerjugend)
- **„Es stehet in Deutschland“** („... die eiserne Schar ...“) (*Kampflied der SA*)
- **„Brüder in Zechen und Gruben ...“** (*Kampflied der NSDAP, zur Melodie „Brüder zur Sonne, zur Freiheit“*)
- **„Siehst Du im Osten das Morgenrot“** („... Volk ans Gewehr ...“) (*Liedgut der NSDAP*)
- **„Ihr Sturmsoldaten jung und alt ...“** (*Liedgut der SA*)
- **„Wir sind die Sturmkolonnen“** („... es lebe Adolf Hitler ...“) (*Liedgut der SA*)

und

- **„Kampfgenossen schließt zusammen“** („... in dem Kampf um Deutschlands Sein ...“) (Liedgut der SS und SA).

Dazu gehört auch das Lied **„Es zittern die morschen Knochen“**, das ursprünglich von der Katholischen Jugendbewegung stammte und von den Nationalsozialisten mit Veränderungen im Text (z. B. „... rotem Krieg“ statt „... großem Krieg“, „... gehört uns Deutschland“ statt „... hört uns Deutschland“) vor allem für die „Hitlerjugend“ übernommen worden war.

## Ablehnung der NS-Ideologie

Die Verwendung von unter §§ 86, 86a StGB fallenden Kennzeichen wird überwiegend dann als nicht strafbar angesehen, wenn der unbefangene Betrachter in der Art der Darstellung eine Ablehnung der NS-Ideologie erkennen kann.

Satirische Darstellungen werden von Art. 5 Abs. 3 S. 1 GG (Kunstfreiheit) auch dann geschützt, wenn ihr Gegenstand Kennzeichen einer ehemaligen nationalsozialistischen Organisation ist.

***Allgemeine Erkennungsmerkmale von Rechtsextremisten***

Rechtsextremisten sind nicht ohne Weiteres aufgrund ihres äußeren Erscheinungsbildes als solche zu erkennen. Nicht alle, die eine Glatze oder kurzgeschorene Haare, Springerstiefel und Bomberjacke tragen, sind Rechtsextremisten bzw. rechtsextremistische Skinheads.

Die genannten typischen Elemente des rechtsextremistischen Skinhead-Outfits sind weit über die eigentliche Szene hinaus verbreitet. Ein Teil der Jugendlichen hat dieses Erscheinungsbild als Modetrend übernommen: Die martialische Aufmachung drückt teilweise einen – unpolitischen – Protest gegen die Regeln der Erwachsenenwelt aus und bedeutet einen Tabubruch gegen die gesellschaftlichen Konventionen. Erschwert wird das rein äußerliche Erkennen von rechtsextremistischen Skinheads zudem dadurch, dass ihr Outfit auch Kleidungsstücke aus dem Bereich der allgemein verbreiteten „Streetwear“ umfasst. Dazu gehören neben T-Shirts und Sweatshirts sowie Hemden und Polohemden von Marken wie „Lonsdale“, „Fred Perry“ oder „Ben Sherman“ auch diverse Kleidungsstücke führender Sportbekleidungshersteller.

In den allermeisten Fällen dürfte die Verwendung von T-Shirts oder sonstigen Oberbekleidungsstücken der Marke ‚CONSDAPLE‘ rechtsextremistisch motiviert sein. Die szeneinterne Beliebtheit der Marke, die von einer rechtsextremistischen Versandfirma produziert wird, ergibt sich zum einen durch den stilisierten Adler im Logo, der entfernt an das Hoheitszeichen des Dritten Reiches erinnert, zum anderen dadurch, dass eine offen getragene Jacke über einem mit dem Markennamen bedruckten T-Shirt lediglich die

Buchstabenfolge ‚NSDAP' freigeben kann. Mit einem szeneeigenen Label haben Rechtsextremisten auf die deutliche Distanzierung der etablierten britischen Sportbekleidungsfirma „Lonsdale" reagiert, die bis dahin wegen der nahezu entsprechenden Buchstabenfolge bevorzugt wurde. „Lonsdale" war zeitweilig von einzelnen Medien – zu Unrecht – eine ideologisch motivierte Verwendung der Buchstabenfolge ‚NSDA' im Markennamen vorgeworfen worden.

Auch Springerstiefel mit weißen Schnürsenkeln werden nicht mehr ausschließlich von Rechtsextremisten getragen. Galt diese Kombination bisher als ein bewährtes Mittel, um eine rassistische Einstellung zur Schau zu stellen, so wird sie mittlerweile gelegentlich auch ohne eine politische Motivation verwendet.

Ein eindeutigeres Zeichen für eine politische Gesinnung sind Bilder und Texte, die ein Bekenntnis zur Subkultur der Skinheads darstellen. Es sind Kennzeichen der Zusammengehörigkeit dieser Szene, die aber noch nicht die Schwelle der Strafbarkeit überschreiten.

Neben Kleidungsstücken haben auch andere Symbole sowohl in der Skinheadszene wie auch unter anderen Rechtsextremisten Bedeutung als Identifikationsmerkmal (z. B. Aufnäher). Einschränkend ist jedoch zu sagen, dass einige Objekte gelegentlich auch von unpolitischen Personen als Provokation oder aus bloßer Unkenntnis präsentiert werden.

Abbildungen, die sich gegen Feindbilder der Rechtsextremisten wie beispielsweise Juden oder Kommunisten richten, verdeutlichen hingegen einen rechtsextremistischen Hintergrund.

Dies gilt insbesondere für T-Shirts, sonstige Oberbekleidung, Schals, Aufnäher oder Aufkleber mit Schriftzügen rechtsextremistischer Skinhead-Bands. Die populärsten unter ihnen sind die britische Band „Skrewdriver" und die deutsche Gruppe „Landser".

Die Symbole der rechtsextremistischen Skinhead-Gruppierung „Hammerskins" werden nur von Rechtsextremisten getragen.

Auch mehrere Symbole, die keiner festen Organisation zuzuordnen sind, werden dennoch ausschließlich von Rechtsextremisten genutzt. Dazu zählen der Ausspruch „White Power" und die geballte weiße Faust.

Ein weiteres dieser Symbole ist das aus den USA stammende Kreuz des „Ku-Klux-Klan". Im Zentrum des Logos ist ein Blutstropfen abgebildet, der für die angebliche Reinheit des Blutes der weißen Rasse steht.

Die unter anderem von südafrikanischen Rassisten genutzte „Triskele" wird von deutschen Rechtsextremisten anstelle des verbotenen Hakenkreuzes verwandt. Durch die dabei übliche Farbkombination – schwarzes Symbol in weißem Kreis vor rotem Hintergrund – wird ein Bezug zur sogenannten Hakenkreuzfahne hergestellt.

Oft wird eine rechtsextremistische Gesinnung durch Synonyme verdeutlicht, die in Insiderkreisen bekannt sind. Hierzu zählen beispielsweise die Zahlenkombinationen 18 und 88. Die 1 steht für den ersten Buchstaben des Alphabets (A), die 8 steht für den achten Buchstaben (H). 18 = Adolf Hitler, 88 = Heil Hitler.

Als weiteres Synonym wird die Zahl 14 genutzt. Sie steht für „14 Words", die aus 14 Worten bestehende rassistische Parole: „We must secure the existence of our people and a future for white children", („Wir müssen die Existenz unseres Volkes und die Zukunft der weißen Kinder sichern"). Die Parole stammt von David Lane, einem Mitglied der US-amerikanischen rechtsterroristischen Organisation „The Order". Die Organisation hatte das Ziel, die „zionistische Besatzungsregierung" in Washington zu stürzen und einen Staat „christlicher Arier" zu schaffen. Die „14 words" wurden inzwischen von mehreren US-amerikanischen und europäischen rechtsextremistischen Organisationen übernommen.

Die Zahl 28 (zweiter und achter Buchstabe des Alphabets) ist der Ersatz für die mittlerweile unter Strafandrohung stehende Abkürzung „B&H" der oben erwähnten Organisation „Blood & Honour". Rechtsextremisten bedienen sich schließlich auch der Farbkombination „Schwarz-Weiß-Rot", um ihre politischen Absichten zu verdeutlichen. Es handelt sich um die Nationalfarben des deutschen Kaiserreichs und des „Dritten Reichs", die von Rechtsextremisten für ihre Zwecke instrumentalisiert werden. Sie stehen im Gegensatz zur Farbkombination „Schwarz-Rot-Gold", die das demokratische Deutschland symbolisiert.

## Bilder verbotener und nicht verbotener Kennzeichen und Symbole

**strafbar:** Hitler-Bild und Hitler-Gruß

**strafbar:** Hakenkreuz – Symbol der NSDAP

**strafbar:** Hakenkreuz – seitenverkehrt

**strafbar:** Hakenkreuz – negativ

**strafbar:** Hakenkreuz – leicht verändert (Swastika-Kreuz)

**strafbar:** Wolfsangel

**strafbar:** Sigrune (germanisches S)
Zeichen des ‚Deutschen Jungvolkes'

**strafbar:** Doppel-Sigrune/SS-Rune
Zeichen der ‚Schutzstaffeln' (SS) der NSDAP

**strafbar:** geänderte Sigrune mit waagerechten Spitzen Kennzeichen der verbotenen ‚Aktionsfront Nationaler Sozialisten/Nationale Aktivisten'

**strafbar:** Abzeichen der ‚Sturmabteilung' (SA)

**strafbar:** Reichskriegsflagge mit Hakenkreuz (1935–1945)

**Nicht strafbar:** Reichskriegsflagge (1867–1921)

**Nicht strafbar:** Reichskriegsflagge (1922–1933)

**Nicht strafbar:** Reichskriegsflagge (1933–1935)

**strafbar nur bei Hinweis auf verbotene Organisationen:**
Keltenkreuz

**strafbar:** Symbol der verbotenen ‚Volkssozialistischen Bewegung Deutschlands/Partei der Arbeit' (VSBD/PdA)

**strafbar nur bei Hinweis auf verbotene Organisationen:** Odalrune

**strafbar:** Symbol der verbotenen ‚Volkssozialistischen Bewegung Deutschlands/Partei der Arbeit' (VSBD/PdA)

**nicht strafbar:** Schwarze Sonne

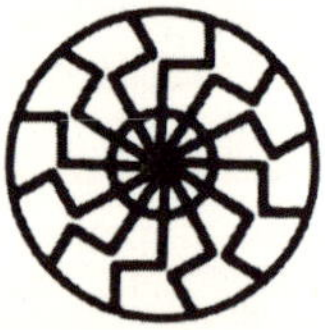

**nicht strafbar:** Triskele (Sonnenrad, Sonnensymbol)

**strafbar:** Logo der verbotenen Skinhead-Organisation ‚Blood & Honour'.

**strafbar:** Symbol der verbotenen ‚Nationalen Sammlung' (NS)

**strafbar:** Symbol der verbotenen ‚Nationalen Liste'

**strafbar:** Symbol NF der verbotenen ‚Nationalistischen Front' (NF)

**strafbar:** Symbol der verbotenen ‚Deutschen Alternative' (DA)

**strafbar:** Symbol der verbotenen ‚Nationalen Offensive' (NO)

**strafbar:** Symbol der verbotenen ‚Freiheitlichen Deutschen Arbeiterpartei' (FAP). Der Zahnkranz als Umrahmung eines Hakenkreuzes fand auch in dem Symbol der nationalsozialistischen ‚Deutschen Arbeitsfront' Verwendung

**strafbar:** Erkennungszeichen der verbotenen ‚Direkten Aktion Mitteldeutschland/JF' (DA/JF)

**nicht strafbar:** Symbol der Hammer-Skins

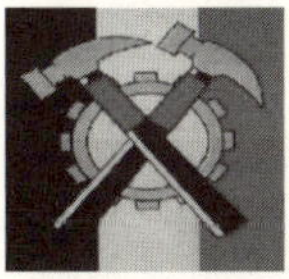

**nicht strafbar:** Aufnäher von Rechtsextremisten mit Zahlencode

**nicht strafbar:** Zahlencodes

**strafbar:** Abzeichen der ‚Hitler-Jugend'

**strafbar:** Armbinde mit Adler und Hakenkreuz

## Schlussbemerkung

Diese Zusammenstellung von rechtsextremen Kennzeichen und Symbolen erhebt keinen Anspruch auf Vollständigkeit.

## 12. Dank

Ein herzlicher Dank gebührt Prof. Dr. Andreas Kost, der das Manuskript durchgesehen hat. Das Bundesamt für Verfassungsschutz und der Verfassungsschutz Nordrhein-Westfalen haben die Urfassung des Anhangs bereitgestellt. Roland Zerwinski, Computer-Experte, hat netterweise geholfen, das Manuskript in eine geeignete Fassung zu transferieren. Einen herzlichen Dank schließlich an Christiane Reinelt für die bewährte Betreuung im Verlag. Eventuell verbliebene Mängel und Fehler im Band verantwortet selbstverständlich allein der Autor.

Armin Fuhrer
Von Diktatur keine Spur?
Mythen und Fakten über die DDR
OLZOG